Thank God it's Monday

Incl. gratis e-book

Bij aankoop van deze uitgave stelt Uitgeverij Boom Nelissen gratis de e-bookversie voor u beschikbaar. Wij vinden dat u de inhoud van het boek overal moet kunnen raadplegen, of dat nu op papier is of digitaal of een combinatie van beide. Net zoals u zelf prettig vindt in gebruik. U kunt uw gratis e-book ophalen via **www.boomnelissen.nl/gratis_e-book**. Hiervoor heeft u de unieke code nodig die u op deze pagina vindt.

g85gA5zy

HUUB VAN ZWIETEN

Thank God it's Monday

*Ontdekkingstocht
naar de drie geheimen
van inspirerend werk*

uitgeverij **boom/nelissen**

Copyright: © Uitgeverij Boom Nelissen, Amsterdam
            Huub van Zwieten, 2014
Boekverzorging: Andre Klijsen, Villa Y, Den Haag
Logo TGIM: Jay van Schaik, Krent&Brood, Amsterdam
Redactie: Lilian Eefting, Leef in tekst, Groningen

ISBN 9789024403158
NUR 801

1e druk: 2014

www.boomnelissen.nl

Inhoud

HOOFDSTUK I

De kleine Ber

Meestal zie je niet aan een kind dat hij op latere leeftijd bijzondere dingen gaat presteren, maar bij Ber lag het er toen al dik bovenop. Kwam het omdat hij met een apgar-score van 3 ter wereld kwam en het leven daarna eigenlijk sowieso een meevaller was? Was het een bijzondere samensmelting van genen? Of was het puur toeval? Feit is dat iedereen die met de kleine Ber – die eigenlijk Coen Bernard heette – te maken kreeg, een stukje vrolijker achterbleef. Er hing een soort magische aantrekkingskracht om het ventje heen, vanaf zijn vroege jeugd.

'Ssst, daar komt ze', siste de achtjarige Ber naar zijn klasgenootjes. 'De juf!' De klas keek in blijde verwachting naar hun jarige juf Agnes die de klas binnenkwam om het speelkwartier aan te kondigen. De laatste maanden waren zwaar geweest en dat tekende haar vermoeide, grauwe gezicht.

'Wat moet ik doen? Wat hebben jullie gedaan?' vroeg juf Agnes verbouwereerd toen Bers kleine hand haar meetrok naar de aula, waar een verrassing op haar wachtte.

'Meekomen, meekomen!' krijsten de kinderen. 'Verrassing!'

Juf Agnes liet zich onder licht gemok meevoeren: 'Wat krijgen we nou weer ...'

De stoet van kindertjes ging haar voor, de trap af naar

de grote verzamelruimte. De juf werd als eerste naar binnen geduwd. Agnes sloeg haar handen tegen haar wangen, toen ze naar binnen keek: 'Lieve help!'

De muren van de aula waren behangen met vrolijke tekeningen. Het moeten er honderden geweest zijn, vooral gevuld met lachende smileys, bloemen, vlaggen en taart. 'Voor Juf Agnes' stond erboven.

'Heeft de hele school hieraan meegewerkt?' stamelde Agnes zichtbaar ontroerd.

Op dat moment gingen de deuren open en kwamen kinderen de aula in, gevolgd door hun meesters en juffen. Het schoolplein bleef dit speelkwartier leeg.

'Lieve Agnes', sprak meester Tom van klas 2e. 'Er is iets bijzonders voor je op poten gezet. Omdat wij jou allemaal heel lief vinden, heeft jouw klas de hele school uitgenodigd hier jouw verjaardag te vieren. Op initiatief van Ber.'

Ber voelde vele ogen op hem gericht.

Agnes bloosde en wist niet waar ze moest kijken.

'Je hebt het de laatste tijd zwaar gehad', ging meester Tom verder. Hij wist dat Agnes in een moeilijke scheiding zat. 'En daarom willen we je graag een hart onder de riem steken. Ieder kind van de school heeft een tekening voor je gemaakt, zodat je weer vrolijk wordt.'

Agnes kon haar tranen niet bedwingen, toen de volle aula het 'Lang zal ze leven' inzette.

Dat Ber de hele school had gemobiliseerd voor zijn juf was typerend voor het kleine ventje. Er zat een grote aantrekkingskracht in zijn onbevangenheid, waardoor hij van alles voor elkaar kreeg. Meer dan zijn leeftijdsgenootjes nam hij het initiatief om zaken in gang te zetten, waarbij hij niet aarzelde om klasgenootjes, meesters en juffen voor zich te winnen. Als hij er was, gebeurden er altijd wel kleine of grote wonderen en andere kinderen waren graag in zijn buurt. Op school, op straat en thuis. Het was moeiteloos, natuurlijk gedrag voor hem en het ging hem vanzelf af.

'Mag ik weer helpen, tante Jenny?' riep Ber toen hij zaterdagochtend vroeg blij de bakkerswinkel binnenrende. Vanaf zijn tiende verjaardag was dit een vast zaterdagritueel en hij zette er graag zijn wekker voor.

'Uiteraard, jongen!' zei de vrouw achter de toonbank. Ze had een robuust postuur en droeg een wit schort over haar kleren. Met een zwaai haalde ze volle kratten broden uit het magazijn om ze één voor één, keurig op een rij, in het broodrek te leggen. Ze stopte en gaf Ber een knuffel. 'Als papa en mama het goed vinden, vind ik het ook goed, dat weet je.' Jenny was goed bevriend met de ouders van Ber, die Ber lekker lieten begaan.

Hij hield van helpen in de winkel. Elke klant voor wie hij het brood inpakte, kreeg een privébehandeling, zelfs als ze daar niet voor open leken te staan. Een knorrige man die naar de grond had gekeken toen hij zijn bestelling deed, kreeg een compliment over zijn fraaie trainingsbroek. Even lichtte zijn blik op, maar daarna keek hij weer stoïcijns naar de grond.

Bers vrolijke aanwezigheid was aanstekelijk. Bij buurvrouw De Vries informeerde Ber hoe het met haar zieke hondje ging. Met mevrouw Van de Pijl liep hij steevast even mee naar de fiets om het brood in haar fietstassen te doen. En voor meneer en mevrouw Pater, die altijd met z'n tweeën kwamen maar elkaar vervolgens totaal negeerden, maakte Ber vaak de één een compliment via de ander: 'Uw vrouw boft maar, meneer, met zo'n intelligente echtgenoot.'

Het had een magisch effect op de sfeer in de winkel. Elke klant liep vrolijk en opgeruimd de winkel uit, waardoor de zaterdagen topomzet voor de winkel betekenden en mensen – zelfs uit de andere wijk – tot buiten in de rij stonden. 'En dat komt mede door dat jochie', vertelde Jenny haar klanten vaak. 'Hij voegt liefde toe aan onze producten!'

Het positieve ventje huppelde vrolijk door zijn jeugd. Nagenoeg iedereen die met hem te maken had, werd aangestoken door zijn positiviteit en door zijn gedrag ontstonden wonderlijke en soms heikele situaties.

Een buurvrouw die geen tv had, kreeg van Ber het televisietoestel dat ongebruikt op zolder stond. Zij was dolgelukkig. Het toestel werd inderdaad niet meer gebruikt, maar Bers vader en moeder waren onaangenaam verrast toen de buurvrouw hen bedankte. Zij wisten van niets.

Bers spreekbeurt over zijn konijn leek in het water te vallen, toen het beest de avond ervoor overleed. Ber zag echter het probleem niet en nam wijlen het konijn mee naar zijn verbouwereerde klasgenootjes en juf.

In zijn onschuld stapte hij in de auto van een verdwaalde, wildvreemde man, om hem door de stad naar zijn bestemming te loodsen. Anderhalf uur later kwam hij terug met het openbaar vervoer, en vond onbegrip en ongerustheid bij zijn omgeving.

Het zal mede door deze heikele situaties gekomen zijn dat er naast het positieve wat Ber opriep, ook hier en daar weerstand ontstond. Onschuldige weerstand, omdat er achter zijn rug soms wat lacherig over zijn onbezonnenheid werd gesproken. Of serieuzer, bijvoorbeeld bij zijn tante Els, die kinderpsycholoog was en die een stevige campagne bij Bers ouders was begonnen om zijn 'gevaarlijk naïeve' en 'ziekelijke onbevangenheid' aan te pakken. In haar ogen was het slechts een kwestie van tijd, voordat het noodlot zich zou voltrekken voor het positieve ventje.

Els

'Ik heb zo veel jaren ervaring, mij kun je eigenlijk niet meer om de tuin leiden.

Ik was de eerste vrouwelijke kinderpsycholoog van Nederland en zit nu bijna vijftig jaar in het vak. Dan heb je al zo veel kinderen gezien, in alle varianten en verschijningen. Daar krijg je wel een beetje mensenkennis van. Mij verbaas je niet zo snel meer. Met kinderen is het eigenlijk heel eenvoudig. Je kunt ze lezen als een boek, zeker als je al zo lang in het vak zit als ik. Na een paar observaties zie je precies wat het verhaal van zo'n kind is. Wat hij van thuis heeft meegekregen en wat van Onze-Lieve-Heer.

Ik had het direct door met Ber, de zoon van mijn zus. Ik zag al snel dat er iets mis was met dat ventje. Zo open, zo naïef, zo ... ik weet het niet, een onverantwoordelijk kind, zo jong als hij was. Ik wist dat ik hem hiermee moest helpen. Zo'n jongen mag je niet aan zijn lot overlaten. Helemaal toen ik mijn diagnose pronoia had gesteld, toen was het overduidelijk dat hij een zetje in de rug nodig had. Zo iemand loopt anders in zeven sloten tegelijk, omdat hun natuurlijke wantrouwen en kritische blik niet functioneert. Ze zien gevaar niet aankomen, hebben eigenlijk geen afweermechanisme. Ze denken dat alles mogelijk is en dat alles kan, dat alles per definitie goed bedoeld is en positief uitpakt, maar zo is het natuurlijk niet.

Gelukkig is het met therapie goed te behandelen. Eens per twee weken een sessie kan veel doen. Als je het tenminste een tijdje volhoudt.

Het was trouwens nog best lastig om mijn zus ervan te overtuigen, maar dat zie je vaak met moeders. Ze had echt het idee dat dat kinderlijke, onverantwoordelijke gedrag geen kwaad kon. Het was me meteen duidelijk van wie hij het had.

Nee, dan liever zijn vader, een volstrekt redelijke en reële man. Hij nam direct van me aan hoe het zat, herkende mijn expertise en jarenlange ervaring. Dat waardeer ik in mensen, maar dat mis ik te vaak.

Dat arme ventje, hij zal zich nog eens gaan realiseren wat hij te danken heeft aan mijn scherpe blik. Waardoor we er vroeg bij waren en hem de juiste behandeling hebben kunnen geven. Je moet er toch niet aan denken wat er gebeurd zou zijn als er niet iemand met verstand van zaken zou hebben ingegrepen.'

'Coen Bernard, kom eens.' Als zijn moeder zijn hele naam gebruikte, wist je dat er iets aan de hand was.

'Tante Els en ik moeten even met je praten.'

Het bezoek van zijn tante kon Ber niet helemaal plaatsen. Ze liep bepaald de deur niet plat bij hen, zelfs op verjaardagen kwam ze vaak niet opdagen. 'Waarmee kan ik de dames van dienst zijn?' antwoordde Ber als een gentleman in de dop.

De verstokt vrijgezelle, oudere zus van zijn moeder, tante Els. Ber was niet echt gek op haar en vond het prima dat ze geen vaste gast aan tafel was. Ze was erg vol van haar eigen praktijkje als kinderpsycholoog, maar omdat dat niet zo goed liep, had ze een bijbaan als administratief medewerker bij de gemeente. Ze zag er een beetje verstoft uit, vond Ber, als uit een modeblad van dertig jaar geleden.

'Tante Els wil graag regelmatige gesprekjes met jou gaan houden, om je een zetje te geven in je ontwikkeling.' Onhandig zocht zijn moeder naar de juiste woorden. 'Ik zou het fijn vinden als je eens per twee weken een uurtje met tante Els afspreekt.'

'O jee,' reageerde Ber, 'is er iets ernstig mis met me?'

Voordat moeder iets kon zeggen, nam tante het gesprek over.

'Daar lijkt het wel op, Ber', zei ze weinig subtiel. 'Je hebt hoogstwaarschijnlijk een stoornis die pronoia heet. Daardoor ben je je te weinig bewust van gevaren en loop je veel meer risico dan normale mensen. Het is een kwestie van tijd voor je wordt belazerd, of erger. Dat is onontkoombaar.' Ze had zich een houding van een dokter aangenomen, met een bloknote en een pen in haar rechterhand, waar Ber in zichzelf om grinnikte.

'Maar gelukkig is er iets aan te doen', ging ze verder. 'Met de therapie die ik je ouders heb voorgeschreven, zul je de wereld zoals ie in elkaar zit leren kennen.' Ber zag zijn moeder ongemakkelijk bewegen, terwijl haar zus praatte. Het leek erop dat ze er niet helemaal achter stond. 'Nou, nou,' greep ze in, 'er is helemaal niets mis met Ber!' Ze stond haastig op en zette de lege koffiekopjes op het dienblad. 'Gaan jullie gewoon een paar keer praten, dat kan heus geen kwaad.'

'Je moeder kijkt er nogal licht tegenaan, maar als ervaren kinderpsycholoog zie ik dingen toch wat anders. Kom dinsdag na school maar voor het eerst bij me langs. Om de week een therapiesessie van een uur.'

'Dat is prima, tante. En dank u wel dat u zich zorgen om me maakt en mij wil helpen', zei Ber. Hoewel hij er niet veel in zag, leek hem er ook niets kwaads in om met zijn tante te gaan praten. Hij had het idee dat hij haar er in ieder geval een plezier mee zou doen.

Op de basisschool had Ber al veel vriendjes, en dat veranderde niet nu hij naar het voortgezet onderwijs ging. Zijn klasgenoten waren dol op hem, hij kon het met iedereen vinden. 'Zullen we vanmiddag afspreken, Ber?', werd hem bijna dagelijks gevraagd. Vaak stonden speelafspraken al enkele dagen van tevoren gepland.

Ook de moeders, naar wie Ber steevast belangstellend luisterde en die hij opvallend veel oprechte aandacht schonk, vonden het leuk als Ber op bezoek kwam. 'Hoe is het?', was zijn vaste eerste vraag aan de moeder van een vriendje.

'Prima, dank je wel, Ber', antwoordde ze dan blij. Het attente kind kreeg vervolgens, in al zijn onschuld, vaak meer te horen dan hij had verwacht. Menig moeder stortte haar hart uit, uitgenodigd door Bers open vragen en oprechte interesse. Hij hoorde verhalen aan over de afwezige echtgenoten, stress op het werk, familieperikelen of gezondheidsklachten. Het was heerlijk om zo'n jong over de vloer te hebben.

Zo verging het tante Els ook, tijdens de eerste therapiesessie met Ber.

Nadat ze hem een kop thee had gegeven en in een makkelijke stoel had gezet, stelde hij de voor hem meest logische vraag aan zijn tante.

'Hoe gaat het met u, tante?'

De gebruikelijke pavlovreactie volgde. Aangezet door de oprechte interesse begon tante te vertellen hoe het ging, en dat was niet al te best.

'Ach, breek me de mond niet open. Ik heb zo veel gedoe met de buren hier. De buurvrouw van hiernaast is totaal ontoerekeningsvatbaar. Ze is gewoon gevaarlijk, zoals ze met andere bewoners omgaat in deze straat.'

Er bleek van alles gaande in het keurig aangeharkte nieuwbouwwijkje waar tante woonde.

'En aan de overkant wonen buitenlanders, die spreken de taal niet eens. Wat moet je daar nou mee? Die zijn vaak nog tot heel laat op, vaak brandt het licht midden in de nacht nog.'

Plotseling realiseerde ze zich waarom haar neef tegenover haar zat en ze herstelde zich. Onmiddellijk pakte ze haar blocnote en pen. De doktershouding.

Het daarop volgende uur was tante vooral aan het woord. 'Jij denkt dat het leven een lolletje is en ik ga je daarover wat realiteitszin bijbrengen.' Ze keek er behoorlijk serieus bij. 'De wereld is vol gevaren, die jij blijkbaar niet wil zien. Maar door zo naïef als jij door het leven te stappen, zul je vroeg of laat het noodlot tegenkomen. En dat willen je ouders en ik voorkomen.'

'Dat is erg aardig, tante. Dank u wel', zei Ber, die met zijn tante te doen had. In een gesprek tussen haar en zijn moeder had hij opgevangen dat tante eigenlijk het liefst zelf kinderen had willen hebben. 'Maar ja, daar moet je een man voor hebben en daar zit ik niet op te wachten', had ze gezegd.

Ber zag de neerslachtige blik in haar ogen.

De therapiesessies bestonden steevast uit een reeks verschrikkelijke gebeurtenissen die tante oplas uit een krant of een tijdschrift of vertelde uit haar eigen kleine leventje. Steevast ging er van alles mis, waren mensen slecht, scheet de duivel op de grote hoop, was er moord en doodslag en maakten regeringen er een potje van.

'Duizend werknemers ontslagen'
'Paarden ernstig verwaarloosd'
'Gezin ontheemd door brand'

Tante trok het zich zichtbaar aan en liet Ber vervolgens vertellen wat hij er allemaal van vond. 'Is het niet vreselijk wat mensen elkaar aandoen?' Zonder zijn antwoord af te wachten, ging ze door met ervaringen uit haar eigen leven, en dan niet de meest opbeurende. Tante had een rijk verleden om uit te putten. Er was haar nogal wat naars overkomen, ze trok die dingen aan als een magneet.

Hoewel Ber de verhalen inderdaad vreselijk vond, kon hij het toch niet helpen dat hij ook de nieuwe mogelijkheden zag die in elk verhaal verborgen zaten. Het verhaal van de ontslagen deed hem denken aan de ontslagen buurman, die daardoor als zelfstandig ondernemer nu een veel leuker leven had. Hij stelde zich voor hoe de verwaarloosde paarden nu liefdevol werden verzorgd, door iemand die daar zelf ook veel plezier aan beleefde. En bij de brand herinnerde hij zich hoe in hun eigen gezin vervelende gebeurtenissen hen dichter bij elkaar had gebracht, zoals toen de kelder was ondergelopen in een storm. Wijselijk hield hij zijn mond als hij achter elke wolk de zon zag schijnen. Hij wilde zijn tante niet nog meer van streek maken.

Zo ging het maanden door met sessies die behoorlijk op elkaar leken. Ber kreeg steeds nieuwe horrorverhalen voorgeschoteld. En weliswaar vers uit de kranten geplukt, de strekking was hetzelfde: rampspoed en ellende. De wereld zit vol gevaren, was de onderliggende boodschap.

De therapie deed Ber niet zo veel, behalve dat er na een tijdje een klein stemmetje in hem leek te zijn gekropen. Dat stemmetje vertelde hem heel soms dat hij misschien inderdaad niet helemaal in orde was. Dat het probleem bij hem lag en niet bij zijn paranoïde tante of andere negatievelingen. Misschien moest hij toch eens bij zichzelf te rade gaan?

Op de middelbare school voelde Ber zich als een vis in het water. Hij werd al snel een opvallende verschijning. Niet alleen door zijn knappe uiterlijk, met halflang blond haar boven een vrolijk gezicht en een voor zijn leeftijd behoorlijke lengte. Maar het waren zijn ideeën en initiatieven, die als vanzelf kwamen, die hem onderscheidden van zijn klasgenootjes. Steeds als hij zich over iets verbaasde, ergens iets miste of simpelweg een idee kreeg, geloofde hij in de mogelijkheden om het ook daadwerkelijk te realiseren.

Dat leverde mooie dingen op. Er was een schoolkrant gekomen, een idee van Ber. De roosterwijzigingen die hij had voorgesteld, waren allemaal goedgekeurd. Op zijn initiatief was er zelfs voor de eerste keer een schoolfeest voor de onderbouw georganiseerd.

'Hoe krijg je het allemaal voor elkaar?' vroeg Herbert aan Ber. Ze stonden in een groepje bij elkaar in de pauze, toen Ber over het schoolfeest vertelde. 'Jij verzint iets, krijgt een idee en vervolgens wordt het geregeld. Hoe doe je dat?' Dat wilden meer klasgenootjes weten, want het was inmiddels geen geheim meer dat Ber voor elkaar kreeg wat anderen niet voor mogelijk hielden.

'Volgens mij komt zo'n idee niet voor niets op, toch?' probeerde Ber te verklaren. 'Een goed idee is toch niets waard als je er niets mee doet? Volgens mij zijn ideeën er juist om ze op te volgen.' Het groepje stond hem ongelovig aan te kijken. Alsof hij een andere taal sprak. Zou het zo simpel zijn?

'Ik heb ook ideeën genoeg,' zei Yolanda sceptisch, 'maar daar gebeurt niets mee. Op andere scholen hebben ze bijvoorbeeld een chocolademelkapparaat, waarom hebben wij dat niet?'

'Misschien omdat niemand nog op dat idee is gekomen. Nu ben jij de eerste. Heb je het al eens gevraagd aan Sjamaar of aan de conciërge?'

Dat had Yolanda nog niet.

'Dat zou ik maar doen, dan', zei Ber. 'Het lijkt mij heerlijk, zo'n apparaat hier.' De anderen knikten.

Yolanda straalde. 'Cool, dat ga ik doen', zei ze.

Hij was er trots op dat hij een positieve invloed op de klas en op de school als geheel kon hebben. Maar niet iedereen was even blij dat hij meer krediet kreeg dan anderen, had hij gemerkt.

Het was een druilerige morgen en Ber kwam doorweekt de school binnen. Hij trok onhandig zijn niet echt waterdichte jas uit in de garderobe. De regen kon Bers humeur echter niet verpesten, hij had zin in deze nieuwe dag.

'Je doet weer aardig populair, hè, ouwe?' Klassenoudste Willem keek hem vrolijk en uitdagend aan, met zijn kenmerkende, waterige lodderogen, terwijl hij zijn merkjas nonchalant aan de kapstok hing. Willem was de oudste van de klas nadat hij twee keer van school gewisseld was en hij had een natuurlijk overwicht.

Ber hing ook zijn jas op en probeerde de opmerking in te schatten. Willem straalde iets onaantastbaars uit. Iedereen in de klas mocht hem en kon zijn droge humor waarderen. Maar het was ook duidelijk dat je met Willen niet moest sollen. Een soort passieve dreiging van iemand die totaal in control is.

'Nou, dat weet ik niet zo', antwoordde Ber. Hij was niet echt uit op een gesprek met hem.

'Ja, met je maniertjes om overal het positieve van in te zien. Dat doet het leuk bij de vrouwtjes', ging Willem plagend door. 'Oehoe ... Mona.' Met zijn twee handen maakte hij de contouren van een vrouwenlichaam.

'En bij de leraren ook trouwens, met al die plannen van je.'

Ber voelde dat Willem hem niet zomaar had aangesproken, maar een doel had met dit gesprekje. Het ging ongetwijfeld over de gunsten die hij van de leraren kreeg en waardoor zijn positie op school steeds meer ging opvallen.

Willem kwam dichter bij hem staan. Je kon zijn aftershave ruiken, maar het was niet onaangenaam. Als enige in de klas schoor Willem zich al.

'Volgens mij heb jij jezelf knap hoog zitten, met je scholierencafé', beet hij Ber op zachte toon toe. Ber deinsde terug. Hij veegde met zijn handen de druppels weg die uit zijn natte haren over zijn gezicht liepen. Hij probeerde zijn gedachten op een rijtje te zetten.

De leraren en de rector hadden ingestemd met Bers laatste idee om een 'scholierencafé' te bouwen, achter in de aula. Een krankzinnig plan, waar Ber behoorlijk zijn best voor had moeten doen. Hij had een verhaal mogen doen in de lerarenkamer, eigenlijk verboden terrein voor leerlingen:

'Hardwerkende docenten,' begon Ber zijn pleidooi, 'wat heerlijk en belangrijk dat jullie hier een ruimte

hebben om bij te komen van het lesgeven.' Een vriendelijk en tegelijk argwanend gemompel steeg op.

'Net als voor jullie is het ook voor ons leerlingen
belangrijk om af en toe stoom af te kunnen blazen, na
het harde werken dat sommigen van jullie ons opleggen.'
Rector Sjamaar, die ook leraar geschiedenis was, keek
hem geamuseerd aan. Ber ontmoette alleen maar vriendelijke blikken, toen hij de ruimte rondkeek.

'Daarom pleit ik voor een scholierencafé achter in de
aula. De ruimte is nu ongebruikt en dat is zonde! Het
zou fantastisch zijn om daar een plek te creëren om op
vrijdagmiddag muziek te draaien, spelletjes te doen en
thee te drinken, met leerlingen onder elkaar. Verboden
voor leraren!' had hij zelfs gedurfd.

'Ho ho ho', vonden sommige leraren. Was dat niet een
brug te ver?

Maar rector Sjamaar had Ber in de ogen gekeken.
'Laten we het maar doen', zei hij. 'Ik vertrouw op Bers
inschatting en beoordelingsvermogen. Dat wordt een
prima plekje.'

Ber mocht zijn plannen uitvoeren. Er werd zelfs ingestemd met een klein budget voor de inrichting, een
muziekinstallatie, een tafelvoetbalspel en een barretje.

Willems ogen verhardden: 'Je krijgt het allemaal leuk
voor elkaar, maar denk niet dat jij de koning van de
klas bent', zei hij. 'Dat blije gedoe werkt aardig op mijn
zenuwen, en niet alleen bij mij. Ik zou maar een tandje
minderen als je nog een leuke middelbareschooltijd wil
hebben de komende jaren.'

Ber voelde een rilling over zijn rug gaan. Hij had al
eerder gemerkt dat Willem niet blij was met hem. Was

het jaloezie? dacht Ber. Omdat hijzelf niet zo veel gedaan kreeg en weinig krediet had bij de leraren? Hij zou het nooit toegeven, zo was hij wel. Maar de blikken van Willem en zijn maten Berry en Robbert voelde Ber al regelmatig in de pauzes. Moest hij op zijn tellen passen?

De therapiesessies met zijn tante, die Ber nog steeds eens per paar weken had, borrelden op in zijn gedachten. Waren dit de gevaren die tante Els bedoelde en waar hij zich niet aan moest blootstellen? Hij probeerde zich weer in te beelden wat er zou kunnen gebeuren, maar kon niets concreets bedenken. Toch bekroop een unheimisch, koud gevoel hem.

Ber besloot in te binden en zijn ideeën en zijn plannen voortaan voor zich te houden, hoe onnatuurlijk dat ook voelde. 'Oké, oké,' sputterde Ber, 'ik zal me inhouden. Ik heb het trouwens toch veel te druk met de tentamens', probeerde hij er nog een draai aan te geven.

Ongemerkt leerde Ber zich een tweede natuur aan, gedurende het verdere verloop van zijn middelbare school. Hoewel hij onverminderd mogelijkheden en kansen zag, besloot hij ze meestal te onderdrukken, om niet al te veel op te vallen. Zijn therapiesessies hadden de basis gelegd en de druk van mensen zoals Willem en anderen maakten het af. Ber kroop weg, in zijn schulp.

Natuurlijk waren er ook meisjes. Door zijn open houding en luisterend oor had Ber veel vriendinnen en dat veranderde niet toen hij zich bescheidener ging opstellen. Meestal bleef het bij een warme vriendschap die vaak jaren voortduurde. Maar af en toe was er meer. Korte of wat langere avontuurtjes. Ber was hierin niet anders dan anderen, behalve dan de manier waarop hij met relaties, of liever gezegd het einde daarvan, omging.

Mona liep met gebogen schouders de huiskamer binnen, waar Ber haar had uitgenodigd voor huiswerk en een kop thee na school. Haar lange, blonde haar viel half voor haar ogen. Ber zag meteen dat er iets niet klopte.
'Wat is er met jou aan de hand?'
Hij herkende zijn normaal zo vrolijke vriendin nauwelijks.
Hij was echt gek op haar. Hun verliefdheid duurde al zo'n vier maanden. Ze konden samen lachen, gek doen en spelen. En knuffelen. Dat was iets nieuws en spannends. Ze hadden het fijn samen, hoewel de allerhevigste verliefdheid al wat minder was dan in het begin.

'Ik ben verliefd op Teun,' kwam er aarzelend over Mona's lippen, 'ik wil met ons stoppen.'
Ber liet de woorden van dat simpele zinnetje binnenkomen. Hij zag zijn vriendinnetje volledig. Hij zag hoe ze zichzelf in een spagaat had gemanoeuvreerd. Waarschijnlijk wilde ze hem geen pijn doen, maar wilde ze ook naar haar gevoelens luisteren. Hij zag haar innerlijke strijd.
'Wat geweldig voor je, dat je weer verliefd bent geworden! Een heerlijk gevoel, toch?'
Hij voelde echt met haar mee en herinnerde zich de eerste weken dat hij op Mona verliefd was. Niet kunnen

slapen, niet willen wachten om elkaar weer te zien. De vlinders in je buik.

'En hij ook op jou?' vroeg hij, puur uit geïnteresseerd meeleven.

Mona keek hem wantrouwig aan. 'Vind je het niet erg om me kwijt te raken?'

Eerlijk gezegd had Ber zo nog niet gedacht. Hij had zich vooral zorgen gemaakt om zijn vriendinnetje, dat tussen twee vuren zat. Hij voelde opluchting voor haar, dat ze haar keuze gemaakt had. Het idee dat hij haar kwijt zou raken, kwam hem onwaarschijnlijk voor, hoewel ze uiteraard anders met elkaar zouden omgaan.

'Ik vind het fijn als jij het goed hebt en gelukkig bent', zei hij oprecht. 'En ik ben er voor je als je me nodig hebt.'

Een zorgeloze middelbareschooltijd, dat is misschien wel de beste beschrijving. In deze jaren ontstonden er goede vriendschappen die nog decennia zouden voortduren. Zoals met Kick, de beste voetballer van de school en een topwomanizer. Niet vreemd dat hij later in de sales zou terechtkomen. Blufgozertje en charmeur tegelijk. Deed het goed bij de meisjes. Bij de leraren. Bij iedereen eigenlijk. Gevat als hij was, was hij overal welkom, kon het met iedereen vinden. Toch was Ber zijn enige echte vriend, bij wie hij zijn hart kon luchten en zichzelf kon zijn. Kick was ook bevriend met Willem, wat een mooie buffer vormde waarin Ber zich veilig voelde.

Of de vriendschap met Patrick, die stijl en bravoure wist te combineren en met wie Ber na school urenlang naar jazzmuziek kon luisteren. Muziek die Patrick haarfijn opdiende, net als zijn uitgesproken meningen over wat wel en niet kon of over wat stijlvol was.

'Dat begrijp je toch niet, dat ze dat aantrekt', mopperde Patrick eens in de pauze, toen de iets gezette mevrouw Snelders van wiskunde met een iets te diep decolleté voorbijliep. Tot vermaak van de meeste vijfde- en zesdeklassers die hun hormonen voelden borrelen bij het zien van dit schouwspel. 'Ordinair en smakeloos', vond Patrick, die vrouwen het liefst ingetogen gekleed zag in stijlvolle ensembles, zoals hij ze aantrof in de stijlbladen die hij las.

Tussen Ber en zijn ex-vriendinnetje Mona ontstond een diepe vriendschap. Hij was er voor haar wanneer een vriendje haar dumpte of zij er genoeg van had. Maar ook stond hij aan haar zijde toen ze haar vader verloor, toen ze pas 17 was.

Ber had een manier gevonden om zich prettig te voelen. Hij hield zich enigszins gedeisd, sprong niet bij al zijn ideeën op de barricades, gelouterd door zijn therapie en de dynamiek met andere klasgenoten zoals Willem. Maar in de persoonlijke contacten gaf hij zo veel mogelijk aan de ander. Vriendjes en vriendinnetjes waren graag in zijn buurt, om te genieten en te leren van zijn bijzondere levenshouding en talent om kansen en mogelijkheden te zien in schijnbaar lastige situaties.

Het eindexamen was voor Ber een bevalling. De exacte vakken van zijn bètapakket waren zijn zwakte. Ook na een herkansing was het eindresultaat een 5,5 voor scheikunde en een 5,4 voor wiskunde op zijn lijst, eigenlijk net te weinig. Een persoonlijk gesprek met rector Sjamaar volgde. De rectorkamer was, ook na zes jaar middelbare school, nog altijd een soort heilige grond. Daar kwam je normaal gesproken alleen als je te laat was of iets fouts had gedaan. Ber was er een paar keer geweest om een van zijn persoonlijke projecten te bespreken, zoals het scholierencafé. Met toch nog lichte spanning in zijn lijf klopte hij op de deur.

Michelle, de knappe secretaresse, lachte naar hem. 'Kom erin, Ber. Meneer Sjamaar is nog even aan de telefoon. Wacht hier maar even.' Ze schoof de stoel naast haar bureau naar hem toe.

Het gerucht dat Sjamaar een heimelijke relatie met haar had, was de laatste jaren steeds stelliger geworden, maar niemand wist het zeker. Ze was zeker tien jaar jonger en minstens drie keer zo knap. Ber overwoog even om het te vragen, maar liet het idee snel los. Hij glimlachte schaapachtig naar haar en hield zich gedeisd.

Sjamaar kwam geamuseerd de kamer van Michelle in. Ber probeerde de blik waarmee de man zijn jonge secretaresse bekeek, te analyseren. Flirtte hij nou met haar?

'Ber, jongen, het is zover', sprak Sjamaar. 'Met pijn in mijn hart moeten we je laten gaan, want de wereld heeft je nodig.'

Aan zijn arm werd Ber de rectorkamer ingeleid, waar hij in een zachte stoel neerstreek. 'Maar niet voordat ik een hartig woordje met je wissel!'

De rector schonk zichzelf een kop thee in en bood Ber ook aan. Hoewel hij een van de oudere docenten van de school was, had hij een levenslust waar menigeen jaloers

op was. Een jongensachtig gezicht met een scherpe blik, waarmee hij Ber aandachtig bekeek.
'Ik weet nog goed dat je hier binnenkwam, zes jaar geleden. Ik heb je gaandeweg zien veranderen, over de jaren. Daar was ik helemaal niet zo blij mee.' Hij nam plaats in de stoel tegenover Ber en sloeg soepel zijn benen over elkaar.
'Jij bent een heel bijzonder mens, Ber. Dat zeg ik niet zomaar.' Hij liet een stilte vallen. 'Jij hebt een eigenschap die jou volstrekt uniek maakt, anders dan alle andere kids die hier rondlopen. Daar moet je wat mee doen! Heb je enig idee waar ik het over heb?'
'Ik zou het eerlijk gezegd niet weten, meneer.'
'Daar was ik al bang voor. Dat is precies het probleem.' Hij ging verzitten en nam een slok van zijn thee.
'Kijk, Ber, iedereen is uniek, totaal verschillend. Iedereen weet dat stiekem, maar weinig mensen realiseren zich echt wat dat betekent. De meeste mensen doen juist heel hard hun best om zo veel mogelijk op anderen te lijken, om erbij te horen.'
Ber kon zich daar wel iets bij voorstellen.
'Ik heb jou de afgelopen jaren zien veranderen', ging Sjamaar verder. 'Je bent je gaan inhouden.' Weer zo'n stilte. 'In de eerste jaren kwam je met het ene na het andere plan. Je zag mogelijkheden die anderen niet zagen en ging er zonder angst achteraan. Het was heerlijk om je op school te hebben, je liet van alles gebeuren. Het scholierencafé is er, puur omdat jij de kans zag en erachteraan ging. Dat komt volledig uit jouw koker. Maar daarna werd het stil rond onze Ber.'
Sjamaar had de situatie treffend goed doorgehad, terwijl ze elkaar toch zeker niet dagelijks spraken. Ber

vreesde dat hij met de billen bloot moest. Hij bedacht hoe hij het zou kunnen inkleden, zodat het nog enigszins acceptabel was.

'Kijk, ik hoef niet te weten wat er is gebeurd en waar die verandering vandaan kwam', zei Sjamaar tot opluchting van Ber. 'Je zult er je redenen voor gehad hebben. Ik wil je alleen wel iets meegeven voor na vandaag.'

Hij nam nog een slok.

'Jij hebt een speciale gave, Ber. Jij kunt iets wat bijna niemand kan. Als kind kunnen we het allemaal, maar we verleren het. Dan proberen we het op latere leeftijd terug te krijgen, wat bij de meeste mensen niet lukt. Maar jij hebt die gave behouden, vanaf je jeugd.'

Ber realiseerde zich nu het bijzondere van dit moment met de rector.

'Jij denkt in mogelijkheden en gelooft in overvloed. Jij ziet kansen die anderen niet zien. Bovendien ben je niet bang om er werk van te maken en ermee aan de slag te gaan. Dat is een talent waarmee je al die fraaie dingen hier op school en in de rest van je leven hebt gecreëerd. Het is een fantastische gave. Dat mag je nooit verwaarlozen, want daarmee heb je jezelf en de mensen om je heen enorm veel te bieden. Het maakt jou heel speciaal en waardevol, jongen! Jij kunt de wereld een stukje beter maken met je talent, daar ben ik van overtuigd.'

Sjamaar leek zijn woorden te menen.

'Beloof je me dat je daar vol achteraan gaat, zoals je de eerste jaren hier op school deed?'

De woorden van de rector troffen Ber onverwacht diep. Een gevoelige snaar. Precies dit maakte hem af en toe in de war. Zich gedeisd houden leek best te werken, maar tegelijkertijd had hij vaak het gevoel zichzelf en de wereld tekort te doen. Zo vaak zag hij kansen en had hij ingevingen, die hij toch maar voor zich hield. Dan hoorde hij dat stemmetje. Het verscheurde hem vanbinnen en Ber moest een brok in zijn keel wegslikken.

Sjamaar was opgestaan. Hij leek zijn zegje te hebben gedaan.

Ook Ber kwam overeind. Zou de rector hebben gezien dat hij geraakt was?

'Ik ga je nog een laatste huiswerkopdracht geven,' ging Sjamaar verder, 'want van mij neem je dit natuurlijk niet zomaar aan.'

Hij opende zijn la en pakte er een fraai rood boekje uit.

'Dit is jouw schatkistje, daar ga je heel veel aan hebben. Voor mijn laatste huiswerkopdracht aan jou wil ik dat je alle leraren van wie je les hebt gehad gaat ondervragen. Laat ze maar eens vertellen hoe zij jou hebben meegemaakt. Noteer alle zaken die zij aan jou bijzonder vonden hierin.'

Hij overhandigde het boekje aan Ber. 'Dat kun je er de komende jaren dan bij pakken, als je weer even wil weten wat jij ook alweer te bieden hebt.'

Hij liet zich in zijn stoel zakken.

'Laat je niets wijsmaken door mensen die je van je gaven af willen houden!' besloot de rector. 'Aan de slag voordat je gaat genieten van je vakantie. Maak werk van dat talent van je. En houd mij op de hoogte, ik wil horen wat je allemaal gaat realiseren voor de wereld.'

'Maar hoe zit het met mijn cijferlijst?' vroeg Ber, verbouwereerd door dit mooie cadeau.

'O ja, dat. Ik heb net van de scheikundeleraar begrepen dat je 5,5 een 5,7 is geworden. Je bent dus geslaagd. Van harte, jongen! Maar het echte examen is het leven zelf.'

Met deze laatste woorden nagalmend in zijn oren bleef Ber buiten even staan, blij en verward tegelijk.

Het was opvallend hoe bereidwillig de leraren reageerden op de interviewverzoeken van Ber. Alleen zijn docente Frans was niet beschikbaar, omdat ze met een burn-out thuiszat. Maar in iets meer dan een week had hij de overige elf docenten gesproken van wie hij de laatste jaren les had gehad. Omdat hij de smaak te pakken had, was hij zelfs nog op drie juffen en een meester van zijn lagere school afgestapt, die hem blij verrast ontvingen. In zijn boekje verzamelde hij een paar mooie getuigschriften over zijn kwaliteiten:

'Je hebt oog voor anderen', tekende hij op uit de mond van juf Agnes. 'Je weet knap het overzicht te houden van wat er speelt in de groep en je draagt daarmee actief bij aan de sfeer en onderlinge relaties.'

'Initiatief nemen is zonder meer je grootste kwaliteit, dat doe je meer dan anderen', zei meester Frans van de lagere school.

Mevrouw Snelders beschreef deze kwaliteit als: 'Wat jouw ogen zien en je gedachten denken, doen je handen en voeten.'

Mijnheer Jorna van Aardrijkskunde was als altijd kort van stof. De ietwat norse man had maar één woord nodig, om te beschrijven wat Ber anders maakte dan zijn klasgenootjes: 'Actie!'

Uiteraard had Ber Sjamaar ook direct om zijn mening gevraagd, naar wat hem anders maakte dan de rest. 'Jouw unieke kwaliteit is dat je de wereld tegemoet treedt met gelijkwaardigheid. Van nature ben je niet bang of onzeker en daarmee kan je naar leraren of anderen volledig gelijkwaardig en onbevangen handelen. Daar komen de mooiste dingen uit voort. Helaas heb je dat de laatste tijd wat laten wegdrukken, dat is eeuwig zonde.'

HOOFDSTUK 2

Avonturen en reizen

'Waarom ben je eigenlijk psychologie gaan studeren?' vroeg Tyler in zijn zwaar Australische Engels. Ber had hem deze avond ontmoet, in dit Portugese barretje waar zijn bescheiden wereldreisje hem had gebracht. Ze waren in mooie bargesprekken verzeild geraakt.

'Dat is een heel goede vraag', antwoordde hij. Eerlijk gezegd had hij zichzelf die vraag de afgelopen twee jaar regelmatig gesteld terwijl hij zich door zijn eerste studiejaar worstelde. Het antwoord bedenken was hem niet gelukt. Dat eerste studiejaar afmaken ook niet trouwens. 'Weet je,' vervolgde Ber, in zijn beste Engels, 'ik ben gefascineerd door mensen. Ik wil gewoon weten waarom mensen doen wat ze doen en waarom de een alles aandurft en de ander in continue angst leeft.'

Hij was best tevreden met dat antwoord, want het was waar. Maar had hij niet vooral voor psychologie gekozen, omdat zijn broer en zus – die hij hoog had zitten – het ook allebei hadden gestudeerd? Het was in ieder geval vrij snel duidelijk dat het te abstract en te ingewikkeld voor hem was. Statistiek was zijn grote struikelblok, daarvoor waren zijn wiskundevaardigheden te zwak.

Maar het hele studeren had hem niet kunnen boeien, uiteindelijk. Hij kon het niet opbrengen gedisciplineerd achter zijn boeken te gaan zitten als het erop aankwam. Hij miste het contact met anderen en het creëren.

'Ach, ik wil gewoon plezier maken', antwoordde Tyler op Bers wedervraag waarom hij deed wat hij deed. De Australiër deed niet zo veel, traditioneel gezien. Hij reisde al twee jaar de wereld rond en verdiende hier en daar een beetje bij als duikinstructeur, barman of gids voor toeristen. Geen standaard verantwoorde carrière, maar hij was wel succesvol op zijn eigen manier. 'Lol maken, met mensen zoals jij, op plekken als deze. Dat is alles wat er is, *mate*.' Hij pakte zijn halve liter bier en proostte naar Ber: 'Deze is op het leven, broer!' Uit de mond van deze gebruinde surfdude, met door de zon geblondeerde haren, klonk het aanstekelijk. Ber wilde hem graag geloven en proostte mee.

'En hoe is dat studeren en het studentenleven je bevallen?' vroeg de Australiër.

'Nou, het studentenleven beviel beter dan het studeren', lachte Ber. 'Lol heb ik ook genoeg gehad, de afgelopen twee jaar. Misschien wel wat te veel lol in mijn korte studentenleventje.'

'Te veel lol bestaat niet', antwoordde Tyler.

Ber dacht terug aan de afscheidswoorden van zijn rector, die hij ter harte had genomen door bij het begin van zijn studie direct zijn vleugels uit te slaan. Vast van plan uit zijn schulp te komen, was hij ook definitief gestopt met de 'therapie' van tante Els en in zijn nieuwe woonplaats, een echte studentenstad, was hij direct op kamers gaan wonen, in een gezellig huis.

'Jij bent onze man', herinnerde Ber zich de woorden van huisoudste Martin bij het hospiteren in een gezellig studentenhuis waar hij de vierde bewoner zou worden. 'Onder de voorwaarde dat je lid wordt, uiteraard.' Dus werd Ber ook lid van de studentenvereniging waar zijn nieuwe huisgenoten bij waren aangesloten. Het was het begin van een reeks creatieve en sociale avonturen.

'Die vereniging was me op het lijf geschreven,' vertelde Ber nu, een paar jaar later, aan zijn Australische barmaatje, 'zij het dat het niet echt hielp bij mijn studie.'

In twee jaar had hij meer dingen mede georganiseerd, gecreëerd en gerealiseerd dan in de zes jaar daarvoor. Hij hielp mee met het jaarboek, werd gevraagd in de organisatie van het lustrumfeest, bedacht en regelde een liftwedstrijd naar een zonovergoten bestemming en initieerde een maandelijkse dineravond met zijn dispuut.

'Wat was je dan zo op het lijf geschreven?' vroeg de Aussie.

'Dan moet ik denken aan een vraag van mijn dispuutgenoot Charles. Die vroeg me eens wat mijn geheim was. "Er zijn maar weinig mensen die zo veel gedaan krijgen als jij, Ber", had hij gezegd. "Wat is je geheim? Waarom lukt jou zo veel meer dan anderen?" Misschien was die studentenvereniging daarom de perfecte plek voor mij.' Het was voor Ber een soort speeltuin van gezellige creatie. Wellicht gedijde hij daar goed in, omdat hij blijkbaar iets kon wat anderen lastig vonden.

'Ik kan het gewoon niet laten om dingen in gang te zetten als ik de kansen en mogelijkheden zie', vatte hij zijn gedachten hardop samen. 'Het valt me op dat dingen vaak makkelijker gaan dan je vooraf denkt, als je eenmaal de bal aan het rollen hebt gebracht.'

Bers inbreng in zijn studententijd met steeds nieuwe ideeën en mogelijkheden werd alom bewonderd en gewaardeerd. Hij werd een graag gezien commissielid, gezelschap en aanspreekpunt. Hij ondernam niet alleen zelf veel, maar hij dacht ook vaak mee met anderen; zo maakte hij langzaam naam als meedenkkracht en creatief wonder voor wie niets te gek was. Het was elke avond feest op de sociëteit!

Na twee jaar was zijn vriendenkring behoorlijk gegroeid. Net als zijn buik overigens, van bier en ongezond studenteneten.

'Maar na twee jaar aanmodderen met mijn studie was het duidelijk dat ik zou stoppen', maakte hij zijn verhaal af. 'Hoewel sommige mensen in mijn omgeving, onder wie mijn vader, er schande van spraken dat ik in hun ogen "het bijltje erbij neergooide", was het voor mij duidelijk dat dit niet mijn ding was.'

In essentie lag de activiteit van het studeren hem gewoon niet, waardoor hij er nooit echt goed in zou worden en lol in zou hebben, daar was hij van overtuigd. Ber geloofde meer in het ontwikkelen van zijn sterke kanten en de dingen die hem energie gaven. 'Ik kan veel meer betekenen voor anderen als ik doe waar ik goed in ben en waar ik lol in heb.' Al pratend met Tyler werd hij opgetogen en nieuwsgierig naar wat er voor het studeren in de plaats zou komen.

'Zien wat iedereen ziet en doen wat niemand doet', mompelde Tyler mysterieus. 'Daar zit jouw kracht.'

Ber liet deze woorden op zich inwerken. Nadat hij was gestopt met zijn studie had hij besloten dit reisje te maken, zij het in bescheiden vorm vanwege zijn beperkte budget. Even een paar weken ertussenuit. Liftend de hele kust van Europa af, dat was het plan. Met weinig geld en een open houding, op zoek naar het avontuur en mooie momenten. Nadenken over wat hij wilde en over wat hij kon. Ontdekken wat dan wel zijn route was. De woorden van Tyler zoemden na in zijn hoofd. Creëren waar anderen dat nalaten? Zou dat inderdaad zijn kracht zijn?

Ber vond het heerlijk om te zien hoe makkelijk ontmoetingen op zijn pad kwamen. De vriendelijkheid, vrijgevigheid en spontaniteit van de mensen die hij onderweg ontmoette, raakten hem. Zoals Tyler met zijn aanstekelijke enthousiasme, levenslust en talent om door te vragen, waardoor hij Ber aan het denken zette.

Of de Braziliaanse Aline, die zonder geld een grote reis aan het maken was. Met haar kunstwerken en goede wil als ruilmiddel slaagde ze er al maanden in onderdak, eten en gezelligheid te hebben. Puur denkend vanuit overvloed en liefde. 'Ik moet mijn kunst delen met anderen', zei Aline. 'Ik kan het niet voor mezelf houden, daarvoor heb ik mijn talent niet gekregen. Het komt pas echt tot zijn recht als ik het deel.'

Haar zelfbedachte kunstvorm van verweerde schilderijtjes verkocht ze zonder vraagprijs tegen een innaturavergoeding, in het vertrouwen dat het op waarde geschat werd door de liefhebbers. Dat resulteerde soms in een fles wijn of maaltijd als vergoeding en soms in een verblijf van een paar dagen.

Of de Engelse Sean en Lizz, met hun eenjarige zoontje Kevin. Het geld dat Sean als paparazzifotograaf had verdiend, hadden ze in een omgebouwde touringcar gestoken. Het ontbrak hun aan niets in hun rijdende villa. Al veertien maanden was het hun 'home away from home' en dat zou het nog wel even blijven ook. 'Gewoon omdat het kan', had Sean Ber geantwoord op de vraag naar het waarom van deze onderneming. 'Helemaal los van ons geroutineerde leventje, zelfvoorzienend, vrij en avontuurlijk.' Dat lukte onder meer omdat ze een slimme bijverdienste onderweg hadden: ze konden hun camper met een kleine handeling omtoveren tot een outdoorbioscoop. Daar verdienden ze nog wat mee onderweg; ook Ber schoof voor een paar centen aan voor een film.

Bescheiden wensen van gelukkige mensen. Of minder bescheiden, zoals de dromen en ambities van de Italiaanse Giorgio, die Ber ontmoette aan de rand van een zwembad. De projectontwikkelaar werkte aan een nabijgelegen kuststrook van 5 kilometer die in handen was van een welgestelde familie.

'Allemaal ouwe troep staat er nu,' zo vertelde de bevlogen Italiaan met grote gebaren, 'en dat gaan wij radicaal veranderen.'

Het grootse en meeslepende van de man sprak Ber aan. Totaal niet door geld gedreven, maar door de wil creatieve, impactvolle vastgoedprojecten te creëren. 'Het grootste probleem wordt niet om onze ontwerpen goedgekeurd te krijgen,' ging Giorgio zelfverzekerd verder, 'dat lukt wel. De uitdaging wordt het om de familie ermee akkoord te laten gaan dat we hun hele bestaande bezit op gaan blazen.'

Toen Ber hem vroeg of projectontwikkeling altijd al zijn droom was geweest, vertelde de Italiaan hem over zijn leven. 'Ik had een prachtig restaurant in Rome,' begon hij, 'volgens velen het beste van de stad. Tot ik het zat werd en onverwacht de hut sloot.' Hij glimlachte bij de herinnering. 'Dat hadden ze niet zien aankomen, mijn vaste klanten. Maar de passie was weg, ik moest door.'

'Ga door', moedigde Ber hem aan.

'Toen ben ik als fotograaf verdergegaan. Dat wilde ik al jaren.' Hij liet een stilte vallen. 'Tot ik ook daarop uitgekeken was en mijn hele collectie heb weggegeven. Zo'n 4.000 werken.' Ber probeerde zich er een voorstelling van te maken. 'En nu reis ik alweer een paar jaar rond, van het ene project naar het andere.'

Giorgio keek Ber indringend aan: 'Eigenlijk ben ik natuurlijk nog steeds dezelfde. Een kunstenaar in steeds verschillende disciplines, zoals wij allemaal zijn. Mijn kunst is de kunst van het werken.'

In elke ontmoeting die Ber had, kwamen ideeën naar voren waarmee anderen hun leven en inkomstenbron vorm hadden gegeven. Bij elke ontmoeting voelde hij de drang om zelf ook een soortgelijke weg in te slaan. Waarom niet ook lekker werken in het plaatselijke toerisme? Projectontwikkeling? Een camper ombouwen? Maar steeds hoefde hij slechts naar zijn intuïtie te luisteren om te weten dat zijn route elders lag. Hij vertrouwde rotsvast op zijn innerlijke kompas.

Een ontmoeting op een feestavond met de Portugese schoonheid Carmen, die de Engelse taal niet machtig was, was het bewijs dat liefde universeel is. Zonder al te veel woorden met elkaar te kunnen wisselen, vonden ze elkaar op de dansvloer. Het ritme en de energie verbond hen met elkaar. Ze verplaatsten zich van de dansvloer naar haar tent, waar ze een prachtige nacht beleefden. Ze spraken de taal van de liefde.

Na drie weken was zijn geld op. Hij wist nog niet wat hij wilde. Nog niet wat hij kon. Maar de enige juiste route was voor hem klip-en-klaar: huiswaarts om een baantje te gaan zoeken.

HOOFDSTUK 3

Aan het werk

Het uitzendbureau bevond zich op de eerste verdieping, boven een grote kledingzaak. En ook op de tweede en derde, zag hij in tweede instantie. Hij volgde zijn gevoel en liep de trap op.

Een keurige dame achter de balie. Iets voor Patrick.

'Kan ik je helpen?'

'Ik zoek een baan.' Ber bedacht zich dat zijn opmerking nogal overbodig was, want iedereen die zich hier meldde, kwam immers voor werk.

'Ik ga even kijken wie je verder kan helpen.' Ze verdween een hoek om.

Niet veel later kwam ze terug met een jongeman, die met uitgestoken hand op hem afkwam.

'Hallo, ik ben Dick. Loop maar even mee.' Ze liepen een kantoortuin in, waar in tweetallen zo'n twintig bureaus stonden. Ongeveer de helft van de bureaus was bezet en de meeste mensen waren druk aan het telefoneren.

'Ga zitten', zei Dick. De dame van de ontvangst was meegelopen en bood koffie aan.

'Jij ook koffie, Dick?'

'Nee, doe maar gewone koffie', zei Dick met een grijns naar Ber. Die grap moest hij al een keer of honderd gemaakt hebben, maar hij genoot er zichtbaar nog steeds van. 'Wat kan ik voor je betekenen?' vroeg hij aan Ber.

Ber vertelde dat hij op zoek was naar een baan, het liefst iets met mensen. Hij wilde net uitgebreid gaan vertellen wat er mis was gegaan met zijn studie, toen Dick hem onderbrak. 'Vul hier even je gegevens in,' Dick draaide een scherm naar hem toe, 'ik heb misschien wel wat voor je.'

Dicks telefoon ging. Terwijl Ber zijn gegevens in het computersysteem zette, ving hij het gesprek op van de goedlachse Dick.

'Of hij kan MIG-lassen? Dat denk ik wel, ja. Hij heet namelijk Kan Alles! Ha ha ha!' Zijn brede grijns viel stil en zijn blik verstarde. 'Nee nee nee, dat was een geintje, mijn excuses, mijnheer Van Seumeren. Nou ja, hij heet echt Canales. Manuel Canales. Maar ik zal even navragen of hij een MIG-lasdiploma heeft. Mag ik u zo terugbellen?'

Dick draaide zich weer naar Ber met een zo neutraal mogelijk gezicht.

'Ik heb de perfecte klus voor jou, om er een beetje in te komen.'

De volgende morgen meldde Ber zich om 5.50 uur bij Pally, een koekjesfabriek op een industrieterrein net buiten de stad. Tien minuten voor aanvang, op advies van Dick.

Het was er een hels kabaal en er hing een weeë, zoetige baklucht. Ber werd verwacht in een klein kantoortje, met één tafel en drie stoelen. Aan de muur hing een playmate van een paar jaar geleden en de Pirellikalender van vorig jaar.

Een norse chef gaf instructie en niet veel later stond hij in een blauwe overall aan een lopende band. Zijn taak voor vandaag: de gewaaierde koekjes recht leggen, zodat ze richting verpakkingsband konden. Een klus voor drie weken, acht uur per dag, 7 euro per uur.

De perfecte klus om er even in te komen, volgens Dick.

Drie weken in wisseldienst bij de Pally had een leuke band met Mo opgeleverd, Bers directe collega. In drie weken had die hem Arabisch leren tellen en uitgebreid verteld over zijn vaderland Libanon. Hoewel hij in Libanon in de marketing en sales zat, werkte hij nu in Nederland in vaste dienst aan de lopende band.

'Waarom doe je niets met je marketing?' vroeg Ber op zijn laatste werkdag.

'Marketing is niets voor Mo in Nederland. Lukt niet', zei Mo stellig.

'Weet je het zeker, Mo?' vroeg Ber, 'Heb je het geprobeerd?'

'Nederland is goed voor Mo. Maar marketing kan niet hier. Lukt niet.' Hij ontweek het antwoord. 'Ik ben blij met de Pally', klonk het niet helemaal overtuigend.

Ber was terug bij Dick en herhaalde dat hij graag wilde werken. 'Ik vind het leuk om iets met mensen te doen. Misschien een kantoorbaan, met meer collega's?' Dick zocht naarstig in het systeem, maar vond niets geschikts. 'Wacht heel even, misschien heeft een collega iets voor je.' Hij liep snel van zijn bureau, een hoek om, de kantoortuin in.

'Hoe ben jij met computers?' Dick stak zijn hoofd om de hoek.

'Wel aardig. Welk programma?' zei Ber, maar het hoofd van Dick was alweer weg.

'Een klus van een week', Dick liep terug naar zijn bureau. 'Op een kantoor. Maandag beginnen.'

Blij dat Dick zijn wensen serieus nam, liep Ber maandagochtend om 9 uur het centrum in. Een kantoor in het hart van de stad, dat klonk innovatief en modern. Hij was benieuwd.

'Ben jij de uitzendkracht?'

Een oudere man met een bril, appelwangetjes en een volle snor, opende de deur. Hij moest ver over de zestig zijn en had een buikje onder zijn gebreide trui. Onder zijn beige broek droeg hij sandalen.

Het kantoortje was eigenlijk een omgebouwde huiskamer, met drie bureaus erin. Aan één bureau zat een dame van een jaar of vijftig, schatte Ber. 'Goedemorgen', zei Ber, maar er kwam geen reactie.

'Dat is Loes en mijn naam is Gerritsen', vervolgde de snor. 'Ik neem alle zorgen van Verenigingen van Eigenaren uit handen. Al dertig jaar. Ik doe de administratie van 143 VvE's en Loes ondersteunt me daarbij.' De trotse eigenaar keek beurtelings door en over zijn bril naar Ber. 'Eens per jaar sturen we een mailing naar alle VvE's die ons nog niet hebben ontdekt.' Ziedaar de nieuwe klus voor Ber.

Het was een redelijk omvangrijke klus. Er moesten pakketten verstuurd worden waarin maar liefst veertien documenten moesten worden verpakt. Die moesten op naam gezet worden, gevouwen en in enveloppen gedaan. Naar 370 adressen.

'Zou het niet handiger zijn om dit per e-mail te versturen?' opperde Ber op de derde dag. 'Dan kun je in dezelfde tijd en voor veel minder geld, veel meer potentiële klanten bereiken.'

Loes keek geschrokken op van haar bureau naar haar baas en toen naar Ber.

'O nee hoor, hou maar op', reageerde Gerritsen getergd. 'Dat hele internet, ik geloof er niet in.' Het bleek een verboden onderwerp. 'Bovendien, ik moet nog twee en een half jaar tot mijn pensioen, dus ik ga me helemaal geen nieuwe dingen meer op de hals halen.' Deze gedachte leek hem op te luchten.

'Eh ... oké', zei Ber verwonderd. Zou het echt kunnen dat mensen niet in het internet geloven?

Loes ging weer net zo onverstoorbaar door met haar werk als daarvoor. Zij leek tevreden te zijn met haar baan, in dit overzichtelijke kantoortje.

Loes

'Ik ben mijn werk spuugzat en ik kan mijn baas niet uitstaan. Al zesentwintig jaar doe ik hetzelfde werk, op het administratiekantoor van mijn baas, vanaf mijn achttiende. Ik vind het dodelijk saai. Elke dag is precies hetzelfde, ik ga half dood hier.

Ik laat me niet kennen, hoor. Ik heb nog niet één dag verzuimd. Maar nooit een compliment gekregen. Nog geen "Fijn dat je er weer bent, Loes" kon ervanaf bij die vent.

Ik kan de saaie, voorspelbare gewoontes van mijn baas uittekenen. Zijn rituelen door de dag, het vaste moment voor zijn broodtrommel, om stipt half elf. De wandeling van precies dertig minuten tijdens de lunch. Het dagelijkse gesprekje met de postbode, 's middags om 13.30 uur: "En, hebben we de loterij gewonnen vandaag?" waarop de postbode geforceerd lacht. "Wie weet!"

En ik erger me mateloos aan zijn zenuwtic, dat afwisselend over en door zijn bril kijken.

Ik ken hem beter dan zijn vrouw, dat weet ik zeker. In ieder geval breng ik meer tijd met hem door, als je slapen niet meerekent. Elke dag van 8.30 tot 17.00 uur, vijf dagen per week, 48 weken per jaar. Reken maar uit. Dat is inmiddels al zo'n drie miljoen minuten. En dan heb ik er al twee derde van mijn werkende leven op zitten ...

De meeste tijd werken we met z'n tweeën in stilte. Mijn baas laat me gelukkig met rust en ik hem ook. Er komt nooit iemand langs hier. Ja, eens per jaar een uitzendkracht, om de jaarlijkse mailing te versturen. Precies een week, dus daar bemoei ik me zo min mogelijk mee.

Hoewel er dit jaar eentje is die een nieuwe wind laat waaien. Hij wil onze mailing via e-mail gaan versturen, dat hebben we nog nooit gedaan. Mijn baas wil er niets van weten, maar ik ga hem er maar eens mee helpen.

Vaak droom ik ervan om te vluchten. Echt die loterij winnen, ik speel wekelijks mee. Of echt romantisch, meegenomen worden

door een knappe man. Weg van hier. Dat zie ik dagelijks voor me!
Het werk is inmiddels zo eentonig, dat ik mezelf in een soort halfslaap door de dag heen beweeg. Ik doe wat er van me gevraagd wordt, automatisch, al zesentwintig jaar. Archiveren, kopiëren, brieven versturen, aanvragen behandelen en doorspelen. En klanten telefonisch te woord staan en zo kort mogelijk aan de lijn houden.
Gelukkig heb ik naast mijn werk de nodige liefhebberijen. Mijn moeder, de hond, lezen. Vriendinnen met wie ik jaarlijks op vakantie naar Ghana ga voor ons verzetje.
En televisie, ik ben verslaafd aan series.'

Het kostte Ber nog behoorlijk wat moeite om Dick duidelijk te maken wat hij wel wilde, na deze twee eerste baantjes. 'Een wat spannendere omgeving, met jonge mensen, dynamiek, innovatie, modern.' Dick graasde in gedachten zijn klanten af. 'Een reclamebureau, recruitment, een hip merk van het een of ander?' probeerde Ber.

Het werd een verzekeringskantoor.
En Ber mocht het archief opruimen.
Hier was wel wat dynamiek, grote kantoortuinen met jonge mensen. De inrichting was modern, ontworpen door een ongetwijfeld gerenommeerd architectenbureau. Er heerste een drukte van belang, waarbij iedereen vooral met zichzelf en zijn klanten aan de lijn bezig was.
Accountmanager Hans kreeg Ber onder zijn hoede. Een goedlachse dertiger, met een sportief voorkomen. 'Welkom aan boord, jongen. Je gaat hier de tijd van je

leven hebben! Net als wij.' Hij haalde veelzeggend zijn wenkbrauwen op. 'Wil je koffie?'

Hans leek het niet echt druk te hebben, hij nam uitgebreid de tijd voor Ber. 'Het archief moet worden opgeruimd, dat is even blijven liggen. We zijn niet zo van de discipline hier.' Hij legde zijn voeten op het bureau. 'Maar om te beginnen zal ik je even vertellen wie je hier allemaal ziet rondlopen. Een rondje collega-talk.'

Hans was van het multitasken, want tijdens het gesprek met Ber keek hij voortdurend naar zijn computerscherm, waar Twitterupdates om de paar seconden om zijn aandacht vroegen.

'Twitter?' vroeg Ber.

'Yep. @Hansiepansie.' Hans was er maar druk mee.

'Herstel, we gaan aan de slag', zei Hans plotseling toen hij een vrouw aan zag komen. 'Dat is Jojanneke, mijn manager, die is blijkbaar al terug van vakantie', fluisterde Hans.

Na een korte uitleg ging Ber aan het werk. De op zich eenvoudige klus in het archief was dermate omvangrijk, dat hij er wel een paar weken voor nodig dacht te hebben. Hij vond het wel prima.

Toen hij op zoek naar het koffieapparaat langs het kantoortje van Jojanneke kwam, besloot hij zich even voor te stellen. Ze zat achter haar computer, zo te zien op de site van Booking.com. Betrapt reageerde ze op het bescheiden klopje op de deur.

'O hallo, sorry hoor. Jij bent de uitzendkracht.' Ze verontschuldigde zich: 'Ik boek altijd op de eerste dag na mijn vakantie direct een nieuwe vakantie. Dan heb ik iets om naar uit te kijken.' Ze stond op en gaf Ber een hand. 'Welkom!'

Aan het einde van de dag liep Ber naar de metro. Hij had hard gewerkt en had een voldaan gevoel. Tegelijkertijd was hij verward. Het leek of niemand echt voor zijn plezier werkte op dat verzekeringskantoor. In de metro opende hij Twitter op zijn iPhone. Hij zocht zijn collega Hans en las zijn laatste bijdrage:

@Hansiepansie: de eerste vijf dagen van het weekend zijn het ergst, daarna valt het wel weer mee.

Er volgden dat jaar nog diverse uitzendbanen: leuke en heel leuke klussen. De meeste bedrijven stelden initiatief op prijs en waardeerden Bers open, positieve houding, zo was zijn ervaring. Vaak kon je je werk behoorlijk naar je hand zetten, met de juiste ideeën en verbeteringen. Hoewel niet veel mensen dat deden met hun eigen werk, viel hem op.

'Ik heb er echt lol in om te werken', vertelde Ber zijn vriendin Mona enthousiast. 'Het voelt goed om lekker praktisch bezig te zijn en dingen uit mijn handen te laten komen.'

'Je collega's waarderen dat blijkbaar ook', concludeerde Mona. Steevast werd er werk gemaakt van zijn afscheid, als hij – soms al na een paar dagen – weer naar een andere klus ging. Men liet hem blijkbaar niet graag gaan.

Toch bleef het Ber knagen dat hij zo veel tegenzin en chagrijn op de werkvloer zag. Werk leek volksvijand nummer 1 voor de meesten. 'Een hinderlijke onderbreking van het weekend' noemde salesmanager Edward zijn werk, bij de leasemaatschappij waar Ber vier maanden hielp op de verhuuradministratie. Alle collega's van Edward keken wekelijks uit naar 'Zaagmans'. Die kwam op woensdag om 12 uur de week doormidden zagen. Het teken dat het weekend dat eraan kwam, dichterbij was dan het weekend dat al was geweest. Altijd een mooi moment ...

Het leek een wijdverspreide kwaal, werkonvrede. Het leek ook collectief te verbinden. Bij de meeste bedrijven waar Ber binnen mocht kijken, brak op vrijdagmiddag rond vier uur, half vijf een feeststemming los. Blijkbaar was het moment dat men weer twee dagen van werk verlost was reden om collectief heel vrolijk te worden.

Fascinerend, vond Ber. En armoedig, eigenlijk.

Hij keek uit naar de fietsvakantie met zijn studievrienden, naar Mallorca. Met gelijkgestemden. Daar zou hij er eens een boompje over opzetten.

'Tja, werken is nou eenmaal niet leuk', was de reactie van zijn fietsmaten, toen Ber het onderwerp op de eerste avond op tafel legde, bij de biertjes na een pittige klimtocht over het eiland. 'Zeker niet in deze beginfase', zei Rick.

Dennis viel hem bij. 'Het is de kunst om zo snel mogelijk hogerop te komen, zodat je anderen voor je kunt

laten werken en zelf achterover kunt leunen. Zoals de partners bij ons nu doen.'
'Of de aandeelhouders bij ons', zei Herman. 'Die zijn vooral druk met golfen.'
Ook bij de anderen kwam een hoop frustratie los. De meesten voelden zich niet gewaardeerd en moesten werk doen dat hen eigenlijk niet lag. Erg hoopvol klonk het allemaal niet.
'En dan de economie, die werkt ook niet mee', voegde iemand toe.
'Nee, jongens, die studententijd was de mooiste tijd van ons leven. Dat komt nooit meer terug', was de algehele consensus.
Ber wist niet wat hij hoorde, maar hield zijn mening achterwege, overweldigd door de eensgezindheid in de groep. Hij had niet verwacht dat het cynisme en de onmacht ook al zo bij zijn maten was ingesleten, dat raakte hem op een of andere manier diep.

De volgende ochtend overdacht Ber het gesprek van de avond ervoor nog eens. Hij maakte in zijn eentje een wandeling door de vissershaven. Wat een zonde, wat een verspilling van tijd en moeite, hoe de meesten met werk omgaan. Zelfs in zijn vriendenkring.
Zijn aandacht werd getrokken door een groot zeiljacht aan een pier aan de overkant. De boot viel behoorlijk uit de toon bij de Spaanse vissersboten. Hij was gigantisch, zonder protserig te zijn. Als vanzelf liep Ber in een grote boog naar de andere kant van de haven, aangetrokken door het jacht. Het lag aan een verlaten stuk van de haven, ver van de plekken waar toeristen liepen.

Van dichtbij was het nog groter dan van een afstand. Het was een catamaran-zeiljacht, prachtig vormgegeven. Het ontwerp deed denken aan een combinatie van Apple en Philippe Starck. Wit, weids, met subtiel gebruik van kleur en licht. Op de eettafel op het terras brandden kaarsen, naast een stapel leesboeken en een opengeklapt Macbook. Er was niemand te zien.

Ber probeerde van dichtbij de boot in te kijken, door van de zijkant tegen de reling te leunen. Het interieur was prachtig, maar ook binnen was niemand te zien. De man die achter Ber kwam aanlopen, verraste hem: 'Bula! Kan ik je helpen?' vroeg hij met een vriendelijke stem in het Engels, met een gemixt accent. 'O, dank u wel,' antwoordde Ber betrapt, 'ik was de boot aan het bewonderen.'

'Wat een schoonheid, hè? Kom anders even aan boord,' zei de vreemdeling uitnodigend, 'dan zie je het beter.'

'Nou, graag.'

Dat is toch het mooiste van op reis zijn, die onverwachte ontmoetingen, bedacht Ber zich toen hij met een cortado op het terras van dit prachtschip plaatsnam. Onwillekeurig dacht hij terug aan zijn reisavonturen voordat hij met werken begon. Het vrijbuiterige, in contact met mensen van over de hele wereld, dat paste bij hem.

De eigenaar kwam schuin tegenover hem zitten, in de gehoekte loungebank. 'Welkom aan boord van de Abundance', zei hij. De licht kalende vijftiger zorgde goed voor zichzelf, dat was te zien. Zijn huid was gebruind en zijn lichaam zag er verzorgd en gespierd uit. Hij droeg nonchalante kleren, die toch een bepaalde luxe uitstraalden. Net als veel op deze boot.

'Bent u hier voor werk of op vakantie?' vroeg Ber.

De man glimlachte. 'Waarom vragen mensen dat toch altijd? Ik kan die vraag niet beantwoorden. Nou ja, het antwoord is: om te spelen, dat doe ik 365 dagen per jaar.' Voor Paul Albenkov was er geen verschil tussen werk en vrije tijd. Het liep volledig door elkaar heen. 'Ik stuur mijn bedrijven op afstand aan, dat gaat prima. Ik heb alle informatie hier bij me.' Hij wees naar zijn computer. 'We zijn nu vijftien maanden onderweg, over de hele wereld. Sarah is een boek aan het schrijven en coacht mensen via Skype. Af en toe vlieg ik een paar dagen naar Melbourne, dat is de basis. Of naar London om mijn zakenpartners te ontmoeten, of naar Beiroet, naar mijn familie. En samen vliegen we af en toe naar Fiji, waar we een resort hebben en waar we ons heerlijk thuis voelen onder de bewoners van Fiji. Bula bula! Zo begroeten ze je daar de hele dag.'

Een brunette kwam van het voordek, met een yogamatje onder haar arm. Ze stelde zich voor en kwam erbij zitten. 'Ik ben Sarah, Pauls betere helft. Welkom aan boord.' Liefdevol keek ze naar haar man. Haar mediterraan getinte huid stak mooi af bij haar blauwe ogen. Kleine zweetdruppeltjes glinsterden op haar voorhoofd. Ber voelde een aangename bewondering voor dit stel.

Geïnteresseerd wilden ze weten wie hij was en wat hem naar Mallorca bracht. De sfeer was vriendelijk en open, zodat Ber vrij zijn gedachten deelde waarmee hij door de haven had gelopen. 'Mensen hebben zo veel tegenzin in werk, zelfs mijn maatjes. Het lijkt er niet op dat werk mensen gelukkig maakt. Ik begrijp dat niet, er is zo veel te creëren ...'

Paul knikte bevestigend. 'De meeste mensen geloven niet dat werk leuk kan zijn. Ze denken dat hun leven is uitgetekend, zonder dat ze daar invloed op hebben. Terwijl je werk, na liefde, het mooiste is wat je als mens te bieden hebt. Dat komt inderdaad op creëren aan. Van niets iets maken. Dat is fantastisch.'

Sarah vroeg of hij al een beeld bij zijn toekomst had. 'Ik weet niet echt wat ik wil', gaf Ber toe.

'Nou, het is misschien wel veel slimmer om een andere vraag te stellen', coachte Sarah hem. 'Niet wat je wilt, maar wat je te bieden hebt. Die vraag is makkelijker.'

Paul vulde haar aan. 'Je talenten inzetten ten behoeve van anderen is de snelste weg naar geluk en succes.'

Ber liet dat op zich inwerken. Wat heb ik te bieden, dacht hij.

Hij kreeg een idee. 'Ik zie over het algemeen meer mogelijkheden dan anderen, zegt men weleens', opperde hij.

'Perfect', reageerde Paul. 'Dat is cruciaal voor een inspirerend werkleven, geloven in mogelijkheden. Alles wat je voor je ziet en waar je in gelooft, kun je ook daadwerkelijk realiseren. Wat ga je doen met dat talent?'

'Ik weet niet waar ik me op moet richten', zei Ber. 'Er is zo veel te doen, wat moet je kiezen?'

Het gesprek spitste zich op Bers toekomst, het stel was oprecht betrokken. Paul en Sarah zaten voorovergebogen naar hem toe.

'Je hoeft je zintuigen maar te volgen', zei Sarah vol overtuiging. 'Die wijzen je de weg.' Ze kwam nog wat verder naar voren. 'Er is één zintuig dat de doorslag geeft, het zesde en belangrijkste.' Ze liet een stilte vallen. 'Wat je ziet?' gokte Ber, niet helemaal op de hoogte van alle zintuigen.

Sarah kneep vriendelijk even haar ogen samen. 'Nee, je zesde zintuig is je intuïtie. Je belangrijkste zintuig. De boeddhisten noemen het "waar de geest zich met het idee verbindt". Het laat je nooit in de steek. Daar kun je honderd procent op vertrouwen, als je ernaar durft te luisteren.'

Paul knikte. 'Geloof in mogelijkheden en volg je intuïtie.'

'Het klinkt nieuw, maar toch ook vertrouwd', zei Ber. 'Dank jullie wel. Ik waardeer jullie hulp.'

'Er is nog een derde ingrediënt, maar dat mag je zelf ontdekken', besloot Paul. 'Anders werkt het niet.'

Ber dacht na Mallorca nog regelmatig terug aan de ontmoeting met het stel op hun zeiljacht. Hij mijmerde over zijn eigen mogelijkheden in zijn leven en zijn carrière. Zou hij er ook in slagen om zichzelf de vrijheid en onafhankelijkheid te creëren die hem bij Paul en Sarah zo had aangesproken? Er leek bij hen geen onderscheid te zijn tussen werk en privé, dat liep volledig door elkaar heen. Dat sprak hem aan.

HOOFDSTUK 4

Serious business

Ber deed een belangrijke stap in zijn carrière toen hij als accountexecutive terechtkwam bij een promotie- en communicatiebureau. Een lange klus, met uitzicht op een vast contract. Ber voelde zich als een kind in de speelgoedwinkel.

Bij het bureau werkten zo'n dertig mensen en de sfeer was vrolijk en dynamisch. Dat kwam ongetwijfeld door de gemiddelde leeftijd, die ver onder de dertig lag. Cor, de baas en oprichter, was zelf niet veel ouder dan dertig en straalde levenslust en succes uit, ondanks zijn wat corpulente verschijning.

Hoewel Cor niet echt naar zijn personeel omkeek, was het Ber al snel duidelijk dat je ook hier veel dingen naar je hand kon zetten. Hij vulde zijn baan al snel met dingen die hij leuk vond, zoals contact met klanten, plannen uitdenken en creatief zijn. De minder interessante zaken als administratie en planning gaf hij door aan collega Marloes, die daar weer lol in had.

'Is het niet grappig dat de dingen die je leuk vindt, vaak ook de dingen zijn waar je goed in bent?' vroeg hij haar. 'Jij bent veel beter in plannen dan ik, omdat je er lol in hebt.' Marloes dacht na. 'Tja, wat een goed nieuws eigenlijk. Dus als je wilt doen waar je goed in bent, hoef je alleen maar te kijken naar wat je leuk vindt!' Opgetogen pakte ze de planning van Ber op.

Werken met klanten was Ber op het lijf geschreven; zijn klanten liepen met hem weg. Hij luisterde oprecht en was echt geïnteresseerd in de uitdagingen waar zijn klanten mee worstelden, en zo vond hij oplossingen en mogelijkheden die ze zelf – of Bers collega's – niet bedacht hadden. Hij hoefde alleen zijn intuïtie maar te volgen, dat had hij goed onthouden van dat gesprek met Paul en Sarah op hun boot in Mallorca. Zijn werk was één groot spel voor hem. Zijn omzet explodeerde.

Dat had Cor dan wel weer heel snel in de gaten. Binnen een mum van tijd kreeg Ber grotere klanten en een vast contract, waarmee ook zijn salaris navenant steeg. Nog belangrijker dan het salaris vond Ber de vrijheid die hij kreeg. Cors uitnodiging om 'liever achteraf vergiffenis te vragen, dan vooraf toestemming' nam hij van harte aan.

Hij besloot zijn werktijden te verschuiven. Voortaan startte hij om 7.30 uur, in plaats van met de anderen om 9.15 uur. Hij kon dan vaak direct persoonlijk met de beslissers bij de grote en belangrijke klanten spreken, omdat hun secretaresse er nog niet was. Het verviervoudigde zijn nieuwe businessresultaten – en hij kon de middagen vrij nemen. Ber leerde razendsnel, aangemoedigd door Cors commerciële oneliners als 'Jump off the cliff, and learn to fly on the way down.' Hij grossierde erin.

Omdat er geen personeelsafdeling was, mocht hij zijn opleidingen zelf kiezen. Ber besloot zijn commerciële vaardigheden, die hij van nature al in ruime mate had en in de bakkerij van tante Jenny al had toegepast, verder te verfijnen. Dat leek hem slimmer dan aan zijn zwakheden te gaan werken, ook al ontbrak het hem daar niet aan. Hij vrat de inhoud van trainingen als 'De kunst van het overtuigen', 'Consultative selling', 'Onderhandelen zonder angst' en 'Online marketing'. Hij werd bovendien een ware kampioen in het crm-systeem van het bedrijf. Dat was een automatiseringssysteem waarin ze nog meer klantinformatie konden opslaan en benutten. Op eigen initiatief had hij een researchstagiaire aangenomen. Zij hielp hem met het crm-systeem en handelde veel van zijn telefoon en mailtjes af, zodat Ber regelmatig van kantoor kon wegblijven. Zijn resultaten spraken voor zich, dus Cor vond alles best.

In de middagen zette hij, in zijn eigen vrije tijd, een compleet nieuw online verkoopkanaal op voor het bedrijf. Het zou de bestaande business niet alleen aanvullen maar ook versterken, doordat bestaande klanten op een nieuwe manier geholpen konden worden. Hij sloot tientallen partnerdeals af, met online mediapartijen die alleen op basis van salesresultaten zouden worden afgerekend – no cure no pay. Hij bedacht een slimme strategie, met productlanceringen, webinars en een mailinglist met autoresponders.

Toen hij het hele systeem had opgezet, stapte hij naar Cor, die snel wilde toehappen. Hij moest even slikken bij Bers voorwaarde om 25 procent provisie op de nieuw gecreëerde business te krijgen en stemde er vervolgens lachend mee in. 'Jij gaat het ver schoppen, Ber!' lachte hij, terwijl hij het door Ber opgestelde contract tekende.

Ber was niet ontevreden over de vlucht die zijn loopbaan leek te nemen. Hij had het idee dat hij op de goede weg was en tegelijkertijd overkwam het hem allemaal een beetje. De lol die hij in werken had, beviel hem. Toch wilde hij nog wat meer grip krijgen op wat hij te bieden had.

Ineens dacht Ber aan het boekje van Sjamaar. Zou het niet leuk en slim zijn om dit opnieuw in te zetten en bij de mensen met wie hij werkte te toetsen wat ze bij hem hadden gezien? Hij realiseerde zich dat anderen vaak een beter beeld van zijn talenten en onderscheidende eigenschappen hadden dan hijzelf. Wat hij van nature deed, was voor hem totaal vanzelfsprekend, terwijl de mensen om hem heen het onderscheidende zagen, omdat ze hem vergeleken met anderen.

Het was relatief eenvoudig om de meeste van zijn opdrachtgevers per mail te benaderen, met de vraag wat zijn grootste talenten waren. Helaas kreeg hij niet van iedereen reactie, wellicht waren sommigen alweer van functie en mailadres gewisseld. Toch kon hij een paar weken later een paar mooie observaties toevoegen aan zijn schatkistje:

Intercedent Dick ratelde geamuseerd onder het genot van een koffietje in een hotelbar, vlak bij het uitzendbureau: 'Jij bent de meest positieve persoon die ik ken. Jij ziet overal kansen en bent niet bang om er werk van te maken. Ik kreeg standaard heel positieve reacties van mijn klanten! Jij maakt mijn werk leuk, had je niet een soort eeuwige uitzendkracht van me kunnen blijven?' lachte hij.

Op de mail naar Gerritsen van het VvE-kantoor kreeg hij onverwachts een reactie van Loes, die de mail opving van de zieke Gerritsen. Ze schreef: 'Je brengt energie omdat je niet bang bent voor conventies en innoveert.' Een mooie typering, uit één week gezamenlijkheid.

'Onafhankelijke kracht', kreeg hij terug van Jojanneke, de manager van het verzekeringskantoor.

Cor was vrij duidelijk: 'Jij bent een ondernemer, of je nou in loondienst werkt of niet. En waarschijnlijk duurt het niet lang voor je een eigen imperium op gaat bouwen. Je hebt de power en de visie om heel veel neer te zetten.'

Cor had de mail van Ber ook doorgestuurd aan collega Marloes, die ook reageerde: 'Je ziet mensen in hun kracht en kent ook je eigen zwakheden. Daarmee ben je een eigen teamplayer, die het beste uit anderen naar boven haalt.'

Ber was blij en trots bij het lezen van de reacties. Sjamaar had gelijk: het werd echt een heel waardevol boekje om te koesteren.

★

Het duurde inderdaad niet lang voordat de eerste head-hunters zich meldden. Avontuurlijk en ongebonden als hij was, besloot Ber in te gaan op een aanbieding voor een baan in Barcelona. Daar mocht hij een salesteam leiden voor een internationaal softwarebedrijf. Leiding-geven was nieuw voor hem en hij zag ernaar uit. En Bar-celona, nou ja ... een prachtkans!

Het mooie salarispakket dat bij de nieuwe baan hoorde, werd aangevuld door de deal met Cor, die hij slim genoeg had afgesloten voor zolang er business zou worden gere-aliseerd, dus dat liep gewoon door. Ook kwamen er nog wat onverwachte inkomsten uit de online community Salesmagician.com. Ber, met zijn kennis van sales en online marketing, had zijn disputgenoten Adriaan en Coen geholpen met het opzetten van deze community, voor een deel van de winst. 'Het begint goed te lopen, Ber', vertelden ze hem via Skype. 'De e-books over sales worden aardig verkocht, maar vooral de maandelijkse abonnementen met kennisvideo's en tips over sales gaan hard. Dat hadden we niet zien aankomen.'
Zijn intuïtie had hem niet in de steek gelaten, toen hij het idee van de maandabonnementen had geopperd. Hij kon nu rustig wat geld opzijzetten.

Als leidinggevende kreeg Ber een inkijkje in de gedach-ten van zijn teamleden. Dankzij zijn open houding op de werkvloer en in de een-op-eengesprekken deelden zijn collega's hun zorgen vrij makkelijk met hem. En, hoe internationaal het team ook was, de obstakels die mensen voor zichzelf zagen, leken universeel. Kan ik het wel? Word ik wel gezien? Doe ik wel waar ik goed in ben? Heb ik wel talent? Hoe blijf ik mezelf in mijn werk? Hoe benut ik mijn kwaliteiten? Hoe creëer ik kansen?

Hij deed zijn best om bij de problemen die hij voorgelegd kreeg niet direct zijn eigen oplossing aan te dragen, ook al zag hij die meestal direct voor zich. 'Give a man a fish and he will eat for a day, teach him how to fish and he will eat forever', was een mantra die hem hielp zich in te houden. Het was veel slimmer en leuker om de mensen zelf de oplossing te laten bedenken. Zijn creativiteit zette hij in om de ander dat ene gedachtesprongetje te laten maken dat nodig was om tot een oplossing te komen.

Carlos

'We hebben een nieuwe teamleider, een soort hippie. Een beetje vreemd is hij wel. Alleen zijn naam al: Ber. Dat zegt een schaap.

Ik denk niet dat hij het lang volhoudt. Totaal anders dan zijn voorganger Juan. Hij spoort niet helemaal. Nog geen week was hij binnen of hij kwam al naar me toe alsof we vrienden waren: 'Carlos, ik wil je leren kennen. Heb je zin in koffie?' Dat had Juan in drie jaar nog nooit aangeboden, alsof hij daar tijd voor zou hebben gehad.

Hij wel, hoor. Hij nam alle tijd! Had zeker niets beters te doen. En hij stelde van die vreemde vragen. Wat ik anders zou willen. Wat ik zou doen als ik de baas was. Wat mijn talenten zijn. Weird man.

Ik kon hem wel vrij snel duidelijk maken hoe hier de hazen lopen, trouwens. Dat het niet zo gek is dat onze omzet stagneert, omdat je met onze budgetten nou eenmaal niet kunt adverteren op de grote sites. Hadden we een hele discussie over adverteren, en wanneer dat wel en niet zinnig is. En hoe de prijzen variëren. Lastminuteposities worden vaak goedkoper verkocht, bedacht ik trouwens ineens. Ik ga mooi kijken of dat wel in ons budget past.

Hij wilde ook weten wat mijn ambitie is, of ik ooit zou willen gaan leidinggeven. Alsof je met mijn opleiding door zou kunnen groeien bij deze club. Hij is er zelf het voorbeeld dat er externen op hoge posities worden aangenomen. Weinig kans dus.

Wel grappig trouwens, hij heeft zelf ook helemaal geen opleiding.

Nou ja, een vreemde gast in ieder geval. Ik ben benieuwd hoelang hij het uithoudt. Ik geef hem een maand.'

Ber hield graag persoonlijke gesprekken met zijn teamleden. Hij maakte zich zorgen over de onvrede en onzekerheden van veel van zijn mensen. Hij wilde ze op andere gedachten brengen.

'Ik kan geen presentatie voor driehonderd mensen geven', zei Marinella, de vlotgebekte Italiaanse die zich met beurzen en congressen bezighield. 'Dat heb ik nog nooit gedaan!'

'Zou je het leuk vinden, als je het eenmaal gedaan had? Achteraf?' vroeg Ber, haar bemoedigend toelachend.

'O ja, het lijkt me te gek om het gedaan te hebben. Maar no way dat ik het durf. Mijn grootste groep was twintig man.'

'Marinella, kun je drie dingen bedenken die je vandaag doet, maar die je eerder niet voor mogelijk hield?' Ze dacht kort na. 'Hier werken, in Spanje! Dat is er één. Had ik nooit gedacht.'

'Ga door', zei Ber.

'Presentaties houden voor twintig man, dat durfde ik vroeger echt niet.'

'En nu, hoe gaat dat je nu af?' vroeg Ber.

'Zo'n kleine groep? Natuurlijk. Eitje', antwoordde de jonge vrouw.

'Marinella ...' Ber keek haar aan, om het kwartje te zien vallen. 'Achteraf valt het altijd mee!'

Marinella keek verschrikt en moest lachen. 'O, mijn god!' zei ze. 'Ik ga me voorbereiden.'

'Ik trek het niet meer.' De roodharige Engelsman Ron stormde Bers kamer binnen. 'Ze zijn niet vooruit te branden!'

Ber legde zijn werk neer. 'Wat is er aan de hand? Ga even zitten, Ron.'

'Oké, we hebben een klus te klaren, weet je. Met z'n zessen', klonk zijn vette Cockney-accent. 'Maar dat werkt niet als Ivanka en Patrizia alleen maar zitten te vergaderen. We moeten allemaal aan het werk.' De arme Ron zag er gestrest uit. Het outbound-salesteam, dat uit vijf collega's bestond, zat elkaar voortdurend in de weg. De dag ervoor had Ivanka zich nog over Ron beklaagd, die volgens haar te drammerig was.

Ber had met het team te doen. Ze maakten elkaar het leven zuur uit onderlinge ergernis. En dat terwijl ze veertig uur per week met elkaar in een kamer zaten. Dat is meer dan honderdduizend minuten per jaar. Best veel om je te ergeren.

Ber liet het team een online talentenanalyse maken, die de leidraad werd voor een teammiddag met Thomas van de HR-afdeling. Op het strand. Even ontspannen allemaal.

Wat Ber al vermoedde, werd snel duidelijk: de gedragsprofielen bleken totaal verschillend te zijn. Drie van de zes teamleden waren eigenlijk heel introvert. Dat verklaarde de reactie op Rons drammerigheid, die juist heel extravert en daadkrachtig was. 'Extraverten kijken op een andere manier naar de wereld dan introverten', legde Thomas uit.

Jordi, afkomstig uit Castelldefels, net onder Barcelona, had als enige de gave en het geduld om heel specialistisch werk te doen. Het werd echter van alle zes enigszins verwacht om gedetailleerd te werk te gaan bij het administreren van hun calls. Het kostte de meesten dan ook veel moeite.

'Ik wil dus geen presentaties meer geven, zie je nou wel dat ik het niet kan', zei de Spanjaard knorrig. De anderen lachten besmuikt. Manuels presentaties aan het management stonden bekend om zijn bedeesde gemompel, terwijl hij naar zijn schoenen staarde. Niet zijn sterkste kant, bleek ook uit de analyse.

De sfeer werd grimmig toen Ron vol in de aanval ging tegen Patrizia en Ivanka, die in zijn ogen veel te veel overlegden met elkaar. 'Ga gewoon eens wat doen!' riep hij. Ivanka draaide zich zwijgend weg. Patrizia zweeg ook en wierp een ijzige blik op Ron.

'Er is geen goed of fout', greep Thomas in. 'Iedereen moet het op zijn eigen manier doen. Ivanka en Patrizia zorgen ervoor dat dingen vooral goed gebeuren, Ron. Zij zien waar snelheid juist even niet goed is. Jullie vullen elkaar perfect aan in de samenwerking.'

De sessie op het strand bracht een positieve aardschok teweeg in het team. Het werk werd volledig anders verdeeld. Jordi deed het specialistische werk. Ron mocht de doelen stellen en acties uitzetten. Patrizia en Ivanka bewaakten de kwaliteit en de sfeer. Ook regelden zij het overleg. Donna nam de presentaties van Manuel over.

Al het werk werd gewoon gedaan, zelfs beter dan voorheen. Maar belangrijker, vond Ber, de ergernis was omgeslagen in wederzijds respect en waardering voor elkaars tegengestelde talenten. Men zag in dat ze elkaar juist perfect aanvulden en elkaar nodig hadden.

'Dit hadden we jaren eerder moeten doen', merkte de stille Ivanka zachtjes op.

Het ging niet allemaal goed voor Ber. Niet iedereen was even gecharmeerd van zijn open houding en eigen stijl. 'Jij denkt dat het hier een speeltuin is', brieste de Spaanse financieel directeur. 'Mensen moeten gewoon hun werk doen, daar zijn geen strandsessies voor nodig. Het kost een vermogen om een middag stil te liggen. Hoe haal je het in je hoofd?'

Ber ging zich bijna verdedigen, maar bedacht op tijd dat verdediging de eerste daad van agressie is. Hij zag dat de man van streek was. 'Ik zie dat je je zorgen maakt om het resultaat', antwoordde hij daarom rustig. 'Ik snap je betrokkenheid.' Hij pakte door: 'Ik wil graag het volgende voorstellen. Omdat ik er vertrouwen in heb dat deze sessie bij gaat dragen aan het resultaat, betaal ik de kosten van de sessie terug, als er in deze groep geen verbetering van de performance optreedt.'

Dat viel in goede aarde.

'Bedankt dat je me scherp houdt,' vervolgde Ber, 'ik doe over een maand verslag.'

Hoewel Ber genoot van zijn werk, trok het ook een grote wissel op hem. Elke dag was intens en vol verrassingen. Hij trok het zich bovendien aan dat flink wat medewerkers stress ondervonden of ontevreden waren. Hij voelde dat hij daarbij moest helpen, maar er kwam ook machteloosheid bij hem op, omdat die stress en ontevredenheid zo alom vertegenwoordigd leken.

'Vind je je werk nog wel leuk?', vroeg hij aan callcentermanager Veronica. Hij zou tijdelijk haar baan overnemen, omdat zij oververmoeid was geraakt en een stapje terug moest doen.

'Leuk? Ber, meen je dat serieus?', antwoordde ze. 'In mijn callcenter vindt niemand zijn werk leuk. De telefoon gaat de hele dag, met steeds dezelfde vragen en problemen. Een dodelijke routine. Maar je moet wat, Ber. De banen liggen niet voor het oprapen, dat weten mijn mensen ook.'

Hij wilde graag helpen en werd er net zo moedeloos van. Hij keek ernaar uit om na zijn eerste jaar bij dit bedrijf een paar weken vrij te zijn. Even uitblazen, na deze intense ervaringen. En even terug naar huis, naar zijn vrienden.

In het vliegtuig naar Amsterdam sloeg hij de krant open. Het hoofdartikel ging over ontevredenheid met je werk: volgens onderzoek zou 88 procent van de mensen liever vandaag dan morgen een andere baan hebben. Hij dacht aan de vrienden die hij weer zou zien. Mona, die al een tijdje ziek thuiszat. Zijn dispuutgenoot Gerard, die boventallig was verklaard bij zijn werkgever. Hij wilde er graag voor ze zijn. Hij liet collega's de revue passeren die in het afgelopen jaar hun problemen met hem hadden gedeeld. Er was, ook bij het bedrijf in Spanje, veel leed op de werkvloer.

Een licht schuldgevoel bekroop hem. Hoe kan het toch dat succes mij makkelijk afgaat en ik zo veel lol in mijn werk heb, terwijl om me heen behoorlijk wordt geworsteld met werk? Mis ik iets? Kijk ik op de verkeerde manier of ben ik verblind door mijn enorme positivisme? Of zou het toch bij de anderen liggen en heb ik het juist bij het rechte eind?

Terug in Spanje, na een lekkere vakantie, pakte Ber de draad weer op. Hij was nog maar nauwelijks binnen toen hij het verzoek kreeg zich bij de CEO te melden.

'Ber, goed nieuws!' begroette David hem, de van oorsprong Zweedse oprichter en grote baas van het bedrijf. 'Ga zitten.' Hij zag er vermoeid uit. 'Er zijn wat ontwikkelingen in het bedrijf geweest, tijdens je verlof. We hebben George en Angelica moeten laten gaan. Ze konden de druk niet aan. Er is een plek voor je in de board. Je krijgt sales en marketing onder je hoede.'

Ber was perplex. Hij dacht aan George en Angelica, die de laatste tijd wat overwerkt overkwamen. Zou dit ontslag hun situatie uiteindelijk ten goede beïnvloeden? Voor hemzelf was dit een stap die hij pas over een jaar of twee, drie had verwacht. Hij werd er wel vrolijk van.

'Praat even met Marise over de voorwaarden.' David duldde geen tegenspraak. 'Boardmeeting is om 11 uur vanochtend. Ik zie je daar.'

Zijn vakantie was nog geen uur achter de rug en zijn verantwoordelijkheid was met een factor vijf verdubbeld.

Niet lang na zijn promotie ontmoette Ber Maria. Een prachtige half-Indiase, half-Amerikaanse expatdochter, die bij een niet-commerciële internetprovider werkte. Zij was de Major League voor hem. Hij kende haar al een paar maanden op afstand, omdat ze bevriend was met Bers collega, maar nu ontdekten ze elkaar echt. Vanaf het moment dat ze elkaar – letterlijk – tegen het lijf liepen op een tuinfeest, waren ze onafscheidelijk. Zij was voor Ber een rustpunt in zijn hectische bestaan en hield hem af en toe een spiegel voor.

Zijn grotere verantwoordelijkheid hield Ber niet af van zijn passie: mensen helpen om anders te denken en daardoor hun problemen zelf op te lossen. Zoals bij Zack, een al wat oudere accountmanager die niet meer verder leek te kunnen en willen groeien in zijn werk.

'Ik waardeer je suggestie, Ber, maar op mijn leeftijd is leidinggeven een gepasseerd station. Daar had ik eerder mee moeten beginnen. Ik ben gewoon verkoper, al twintig jaar.'

'Dat begrijp ik, Zack. Maar toch vraag ik even door. Wat maakt jou juist nu, op dit moment in je carrière, beter dan twintig jaar geleden?', vroeg Ber.

'Hmm. Nou, ik heb natuurlijk wel meer levenservaring, ik heb wel wat meegemaakt. En ik ben niet zo hyper meer als toen. Wat meer solide, zou dat een voordeel zijn?'

'Zou het kunnen dat je twintig jaar geleden minder geschikt was om een team te leiden dan nu?', ging Ber verder.

'Tja, ik weet na twintig jaar ook wel wat er speelt in sales. Daar kunnen die jonge gasten nog iets van opsteken.'

Het was altijd een feestje om te zien hoe iemand zelf de slag maakte om anders tegen zijn eigen mogelijkheden aan te kijken. Soms was dat zelfs een draai van 180 graden.

'Ik snap dat je ervan baalt dat je grootste klant is opgestapt, Rosa.' Het meisje had het slechte nieuws met betraande ogen meegedeeld. De grootste auto-onderdelenfabriek van Spanje was naar de concurrent overgestapt.

'Ben je bereid out of the box te denken?'

Licht verward knikte ze.

'Kun je drie voordelen noemen van het feit dat we deze klant kwijt zijn?'

Rosa schudde haar hoofd. Deze reactie was het laatste wat ze had verwacht. Ze dacht na. 'Het was niet de makkelijkste klant. Ze waren ontzettend veeleisend. Dat gedoe zal ik niet missen.'

'Oké, dat is één voordeel. Minder gedoe', zei Ber. 'Wat nog meer?'

'Omdat ze zo veeleisend waren, was de marge ook laag. Er moesten veel manuren naartoe.'

'Top. Hogere marge dus. En de derde?'

'Eerlijk gezegd, de auto-industrie is sowieso lastig op dit moment. Ik zie veel meer potentie in retail en ISP's. Ik heb nu meer tijd om daar meer uit te halen.'

'Mooi, dus meer tijd voor klanten met meer potentie. Goed nieuws dus!' lachte Ber. 'Maak de komende dagen maar een lijst van leerpunten hieruit, zodat je het voor kunt zijn in het vervolg.'

Bij Maria kon hij vrij praten over zijn werk. Ze luisterde graag naar haar bevlogen man.

Ook deelde hij af en toe zijn frustratie. 'Het is top om mensen stappen te laten maken. Maar tegelijk ook frustrerend om te zien dat ze makkelijk terugvallen', klaagde hij. 'Veel mensen hebben ook te veel negativiteit om zich heen van anderen.'

'Wist je dat 88 procent van de mensen het liefst een andere baan zou willen?', vroeg hij haar.

'Wow, dat is wel erg veel, Coen.' Vanaf hun kennismaking was ze hem, in tegenstelling tot de rest, bij zijn eerste naam gaan noemen.

'Dat betekent', ging hij door, 'dat mensen voornamelijk omringd zijn door collega's die met tegenzin naar hun werk gaan. Voor je het weet, denk je dat het normaal is om je werk niet leuk te vinden.' Hij kon er niet over uit.

'Als je dan zegt: "Ik vind mijn werk niet zo leuk", kijkt iedereen je aan en zegt in koor: "Duh, we vinden ons werk

allemaal niet leuk. Wat is jouw probleem?'" Ze moesten beiden lachen.
'Dat motiveert ook niet erg om er wat aan te doen', zei Ber.

Zijn plek in de board bracht meer vergaderingen en gedoe met de raad van commissarissen met zich mee. Dat was niet Bers grootste hobby, te meer omdat het afging van de tijd die hij een-op-een met zijn mensen kon besteden – terwijl daar wel zijn hart lag. Hij miste de gesprekken met en het helpen van zijn mensen.
Daarentegen smaakte het Catalaanse leven in Barcelona Ber goed. 'Hard werken en hard genieten', was zijn credo geworden. Dankzij zijn riante salaris kon hij Maria minimaal drie keer per week op de lekkerste dinertjes trakteren. De gastronoom die hij was, wist inmiddels de beste plekjes van de stad. Ook voor de lunch trouwens, gemiddeld ook wel zo'n drie keer per week buiten de deur. Zijn buik begon inmiddels behoorlijke afmetingen aan te nemen.

Rond dezelfde tijd kwam Ber in contact met Martijn, die in het vastgoed zat. De prijzen van huizen waren historisch laag in Spanje. 'Het is nu de tijd om in Spaans vastgoed te investeren, Ber. Het kan alleen nog maar omhoog vanaf hier.'
Omdat hij Martijn vertrouwde en de cijfers klopten, besloot hij wat van zijn spaargeld te investeren in een project in Sitges, niet ver van Barcelona aan de kust. Hij was trots en tevreden dat hij daar nu al de mogelijkheid voor had, terwijl hij nog niet eens de middelbare leeftijd had bereikt.

★

Toen Kick, zijn maatje voor het leven langskwam, herleefden oude tijden terwijl ze samen tot in de kleine uurtjes in de wijk Barceloneta rondzwierven. Toch wilde de sfeer er niet echt in komen. Ber had het gevoel dat zijn vriend ergens mee rondliep. Er zat hem iets dwars. Ber bekeek hem eens goed en zag dat Kicks haargrens langzaam maar zeker terugtrok. Nog een jaar of twee, dan zou hij kaal zijn, nog voor zijn 35e. Het leek zijn zware gemoed te versterken.

'Het ziet ernaar uit dat ze me eruit gooien, Ber', kwam het hoge woord eruit in de late uurtjes. Hij bleek een groot conflict met zijn baas te hebben.

'Hoe kan dat nou?' vroeg Ber. 'Sales is toch helemaal jouw ding?'

'Sales wel, maar met mijn bazen valt niet te praten. Bovendien, ik heb het helemaal gehad met die apparaten.' Kick werkte bij een grote printerfabrikant.

'Had ik mijn hart maar gevolgd', zei hij terwijl hij een grote slok bier nam. 'Ik had voor de sport moeten gaan.'

'Dan doe je dat toch alsnog!' zei Ber, 'Maak alsnog die switch!'

'Ber, jongen, je bent nog net zo naïef als vroeger. De tijden zijn veranderd, vriend. Nu nog een stap maken zou economische zelfmoord zijn. Plus: we hebben twee opgroeiende kinderen en een lel van een hypotheek en ik ben kostwinnaar. Annet ziet me aankomen.'

'Het is kostwinner', corrigeerde Ber zijn vriend.

'Huh?'

'Laat maar zitten. Maar in ieder geval denk ik dat Annet liever wil dat jij weer vrolijk bent, weer net als vroeger lekker kunt lachen. Dat zou weleens heel wat belangrijker kunnen zijn dan het geld dat je binnenbrengt.'

'Dan ken jij Annet de shopaholic niet,' zei Kick, 'die is binnen een week weg als haar creditcard op zwart gaat. En daarnaast, voor mij tien andere van die jonge gasten. Die zijn nog een stuk goedkoper ook.'

Ber kwam er niet doorheen. Het leek erop dat Kick het al had opgegeven. Hij had met hem te doen. Zijn vriend was geen schim meer van de jongen waar hij vroeger zo veel plezier mee had.

'Als je werk niet leuk is, ben je zelf niet leuk', dacht Ber hardop, maar zijn vriend hoorde hem gelukkig niet. Ber ging verder met die gedachte. Het verband tussen hoe leuk je je werk vindt en hoe leuk je bent als partner, als collega, als vriend, als vader, leek hem evident. Hij realiseerde zich nog meer het belang van het juiste werk.

Het avondje uit was Ber niet in de koude kleren gaan zitten. Niet alleen fysiek door het exorbitante eet- en drinkgedrag, maar vooral geestelijk knaagde het dat hij zijn vriend niet had kunnen helpen. 'Mensen willen gewoon niet', mopperde hij tegen Maria. 'Ze hebben de ballen niet. Het is gewoon veel makkelijker om te klagen en miserabel te zijn.' Maria keek hem liefdevol, maar toch een beetje meewarig aan.

Nog steeds prikkelbaar verscheen Ber die maandag op het werk. Hij was duidelijk zichzelf niet.

'Tjeezus, nu niet Ron', blafde Ber harder dan hij had gewild. Zijn collega wilde over het outbound-salesteam praten dat weer niet lekker liep, terwijl de boardmeeting over twee minuten zou beginnen. Ron deinsde terug. 'Oké-oké, doe maar rustig', zei hij. Vol schuldgevoel rende Ber naar zijn meeting.

Het kwam steeds vaker voor dat hij persoonlijke gesprekken moest afzeggen of kort moest houden. Het ontbrak hem simpelweg aan de tijd. Er sloop cynisme in hem, wat totaal niet bij hem paste.

'Regel je eigen zaakjes maar, dat heb ik ook altijd moeten doen', kreeg Costas te horen toen hij om toestemming voor een training vroeg.

'Het wordt wel erg lastig samenwerken, als je niet gewoon luistert naar wat ik zeg', slingerde hij de geschrokken Manuel naar het hoofd.

'Dat hebben we volgens mij de vorige keer al uitvoerig besproken', bekte hij Calinda af, die over een loonsverhoging wilde praten. Woedend beende zijn belangrijkste key-accountmanager weg, maar Ber besefte niet wat zijn gedrag teweegbracht.

Hij moest steeds vaker echt bijkomen na het werk. Soms was een gewoon weekend niet meer genoeg. Het ging goed met het bedrijf, maar het leek steeds drukker te worden. Om op adem te komen, boekte Ber voor twee weken een villa op Ibiza, als verrassing voor Maria.

Om ook de flinke bonus te vieren die hij had gekregen, was hij zich te buiten gegaan en had hij zo'n beetje het grootste paleis van het eiland gehuurd. Met zwembad, buitenbar met geluidsinstallatie en authentieke stenen barbecue. Het was eigenlijk een beetje te groot, met vier slaapkamers, maar Ber vond dat ze het verdiend hadden.

'Wat moeten wij met vier slaapkamers, Coen Bernard? We zijn met z'n tweeën.' Maria vond het behoorlijk overdreven. 'Dat meen je toch niet?' zei ze toen ze de huurprijs zag. 'Coen, dit is belachelijk!'

Hij liet zich niet uit het veld slaan. 'We gaan even lekker genieten, schatje. Na de drukte van de laatste tijd. Even tijd voor elkaar, het mag ons aan niets ontbreken. Ik heb ook een knappe lokale wijn besteld, die bezorgen ze daar.'

'Ik heb dan in ieder geval ook een conferentie, dus ik kan niet de hele tijd blijven. Of ik moet even op en neer.'

Oeps. Ber was vergeten beide agenda's te checken. Nou ja, ze zouden er het beste van maken. Ber had er zin in.

De weken voor Ibiza werd het nog drukker. David was met spoed terug naar Zweden wegens familieomstandigheden. Hij werd vervangen door Terry, die Ber wat minder hoog had zitten. Calinda had bij de concurrent een aanbod aangenomen. Dat was even slikken. Ber moest alle zeilen bijzetten om haar klanten niet mee te laten verhuizen. En zijn reguliere werk liep gewoon door.

Eenmaal op Ibiza lukte het hem niet om de spanning op het vasteland achter te laten. 'Het is trekken aan een dood paard', klaagde Ber, toen ze zich bij de buitenhaard hadden geïnstalleerd. Hij dronk zijn glas rode wijn al halfleeg, voordat ze geproost hadden. Zijn gedachten waren volledig bij het werk.

'Het gros zit er tegen zijn zin, puur voor het geld. Het zal ze jeuken hoe het bedrijf presteert.' Maria zuchtte. 'Voor een paar centen meer stappen ze al over naar de concurrent. En dan mag je blij zijn als ze je klanten niet meenemen.' Zijn vrouw masseerde zijn voeten, om hem wat te ontspannen. 'Er is zo veel onzekerheid, zo veel angst. Mensen durven niet meer te dromen, dat kunnen ze niet eens meer. Het is puur overleven geworden.' Hij sloeg zijn wijn achterover en zakte onderuit. 'Ik geef het op om mijn hele hebben en houwen in ze te investeren. Mensen zijn bang omdat ze weten wat ze hebben, maar niet wat ze kunnen krijgen. Daarom nemen ze maar genoegen met de miserie en het chagrijn. Als je werk niet leuk is, ben je zelf ook niet leuk.'

Dit wordt een zware avond, dacht Maria. Ze schonk de glazen bij.

De krekels hadden een rustgevend effect. De geur van eucalyptus, onder een heldere hemel met duizenden sterren, was een verademing. Precies wat Ber nodig had. Rust.

Naarmate de avond vorderde, kon Ber zijn ei wat meer kwijt. 'Ik mis het persoonlijke, het helpen van de mensen. Mens voor mens kleine stapjes laten maken. Daar kom ik helemaal niet meer aan toe, ik heb er gewoon geen tijd meer voor', zuchtte hij. 'Met mijn verantwoordelijkheden kan dat ook echt niet meer. Ik kan niet gemist worden in de boardmeetings en bij de klanten', zei Ber zelfvoldaan.

Hoewel ze vol empathie was voor haar man, begon Maria ook haar geduld enigszins te verliezen. Het klagerige en eigengereide hoorde totaal niet bij Ber.

'En bovendien,' ging hij half in zichzelf verder, 'al zou het kunnen, dan heb ik nog maar invloed op onze driehonderd eigen mensen. Er lopen in onze stad alleen al miljoenen andere ploeteraars en stresskippen rond, dus hou maar op. Het is bij voorbaat kansloos.'

Maria kon zich niet langer inhouden. 'En daar ben jij er één van, Coen. Een ploeteraar die gestopt is met dromen.' 'Wat bedoel je?' Ber was ineens bij zijn positieven. 'Kijk jezelf nou zitten. Meneer Succes. In je dure villa, met je knappe wijn en je dikke buik. Hoe staat het met jouw dromen?' Ber schrok van deze wending. Hij ging rechtop zitten. 'Je bent net zo als die andere mensen, lieve Coen', ging Maria verder. 'Je laat je onvrede bestaan en neemt genoegen met de status quo.' Ber voelde irritatie opkomen. Maar hij wist dat ze gelijk had. Maria ging nog even door. 'Jij was de man die geloofde in mogelijkheden en die zijn intuïtie volgde om magic te creëren op de werkvloer. Maar nu maak je je vooral druk om je eigen positie, je dikke salaris en je project in Sitges.' Oef, dat kwam aan. 'Je wordt er niet leuker op, hoor, als je jouw dromen laat varen. Ik mis de lichtjes in je ogen, waar ik zo voor viel.' Au. Dat raakte Ber. 'Het is gewoon druk', probeerde hij zwakjes. Helaas kwam hij daar niet mee weg bij Maria. 'Waar gaat jouw hart sneller van kloppen? Waar ligt jouw passie? Daar moet je weer naartoe, Coen. Daar vind je wat jij te bieden hebt.'

Ber zat als aan zijn stoel genageld. Hij wist dat zijn vrouw het bij het juiste eind had. Tegelijkertijd voelde hij paniek omdat hij geen idee had wat hij moest doen. Dat was zijn machteloosheid.

'Liefje, het is heel goed dat je deze villa hebt gehuurd en de wijn is ook heerlijk. Het is vooral voor jezelf. Jij hebt tijd met jezelf nodig om over je eigen toekomst na te denken, als ik naar mijn conferentie ben.

Doe je ding, Coen. Create magic!'

HOOFDSTUK 5

De vonk

Toen hij Maria op donderdagavond op haar vliegtuig had gezet, sloeg er een lichte paniek toe bij Ber. Wat moest ie in godsnaam gaan doen tot zondag, als ze weer terug zou komen? Kon hij zichzelf wel vermaken?

Hij reed over het verlaten eiland, terug naar zijn villa. Het gaf hem een unheimisch gevoel om de lange oprij-laan in het donker op te rijden. Stom dat hij geen lichtje aan had gelaten.

De volgende ochtend kwam hij pas iets voor elf uur zijn bed uit. Weliswaar was hij al langer wakker, maar hij zag er tegenop om op te staan. Dan zou er namelijk wat moeten gaan gebeuren en hij had geen idee wat. Na een duik en anderhalf baantje in het zwembad liep hij wat verveeld door het huis. Met zijn ziel onder zijn arm bekeek hij de boekenkast. Er stonden vooral interieur-boeken in en biografieën.

De woorden van Maria galmden nog na in zijn hoofd. 'Je wordt er niet leuker op, hoor, als je jouw dromen laat varen. Ik mis de lichtjes in je ogen, waar ik zo voor viel.'

Als je werk niet leuk is, ben je zelf niet leuk, bedacht Ber nog eens. Het raakte hem, omdat het over hemzelf ging. Hij was het afgelopen jaar inderdaad zijn passie in zijn werk kwijtgeraakt. En hij was een stuk minder leuk geworden. Maar hij wist dat Maria hem niet in de steek zou laten – wat een privilege om die vrouw naast hem te weten.

Met het woord 'privilege' ging er een deurtje bij hem open. Privilege was ook de naam van de grootste club op het eiland. Hij kon natuurlijk lekker de beest gaan uithangen hier. Dit was wel Ibiza! *Party capital of the world!* Woonde zijn dispuutgenoot Roderick eigenlijk nog steeds hier? Die was vroeger altijd in voor een feestje.

Ber vond zijn nummer in zijn telefoon onder zijn dispuutnaam Rood. 'Rood! Ben op t eiland. Dansje doen vanavond?' De sms was verstuurd voor hij er erg in had. Nou ja.

Vrijwel direct kwam de respons: 'Beer, ouwe reus. 17 u Blue Marlin!'

Dat was dus geregeld. Het gaf hem een dubbel gevoel. Was dat wat hij te doen had? Of was het een vlucht? Was het te spannend om de strijd met zichzelf aan te gaan? Ook Ber wist immers wat hij had en niet wat hij kon krijgen ...

Roderick was niets veranderd. De avond was voorspelbaar verlopen, behalve dat ze de Privilege nooit gehaald hebben. Na de Blue Marlin, waar een Zweeds dj-duo de feestgangers en de zon naar de ondergang begeleidde, bleek er een poolparty in de Ushuaia aan het strand te zijn. Daar wemelde het van de wereldsterren, voetballers en modellen. Daarna knallen in Space met Groove Armada, om af te toppen aan de vip-tafel van Rood in de Pacha, tussen het nieuwe geld en de golddiggers, voor de 'F*ck Me I'm Famous'-set van David Guetta. Toen Ber naar buiten liep, was het inmiddels acht uur in de ochtend en Roderick was al even uit beeld.

Enigszins mistroostig liep hij de Pacha uit, naar het strand van Talamanca. Het idee dat Maria hem niet meer zo leuk vond, was de hele avond bij hem gebleven. Had ze niet een beetje gelijk? Hoe leuk vond hij zichzelf eigenlijk nog? In een spiegelende autoruit bekeek hij zichzelf. Een zelfvoldane dertiger met overgewicht en wallen onder zijn ogen. Niet zo geïnspireerd en fris als hij zichzelf het liefste zag.

Op het strand was een afterparty gaande. Ber voelde de verleiding om erop af te stappen, maar hij wist ook dat dit niet was wat hij te doen had. Hij besefte dat hij aan het werk moest met zichzelf. Terug naar zijn passie. Terug naar de leukste versie van zichzelf.

In de taxi naar huis maakte hij al een plan voor de komende dagen. Hij voelde zich opvallend helder en thuis aangekomen pakte Ber zijn computer en een groot glas vers vruchtensap. Hij ging bij het zwembad zitten. Hij wilde uitzoeken wat hij te doen had, wat zijn talenten waren en waar zijn passie lag, daarom maakte hij een vragenlijstje voor zichzelf.

Met het boekje van Sjamaar in zijn acherhoofd, bedacht hij weer dat anderen vaak beter zien dan jijzelf wat jou bijzonder maakt. Daarom stuurde hij een mail naar twintig mensen die hem goed kenden. Hun hulp zou hij goed kunnen gebruiken.

Ik heb me even teruggetrokken om na te denken over mijn werktoekomst. Omdat jij mij goed kent, wil ik kort je hulp vragen. Zou je de volgende vragen willen beantwoorden?

* *Wat zie jij als mijn grootste talent?*
* *Wat denk jij dat ik het liefst de hele dag zou doen?*
* *Hoe denk je dat ik het best professioneel tot mijn recht zou komen?*
* *Wat is mijn grootste onderschatte of ondergewaardeerde talent?*

Dank je wel!
Ber

Zo. En nu tukken. Het was inmiddels tien voor tien.

Nauwelijks vier uur later werd hij wakker. Zijn hoofd voelde zwaar, maar hij moest aan het werk. Zijn tijd was beperkt. Een omeletje, sterke koffie en een duik in het zwembad deden wonderen.

Hij begon aan de vragen die hij die ochtend had bedacht:

* Wat wilde ik als kind later worden?
* Wat kon ik vroeger goed?
* Wat kan ik beter dan pakweg duizend andere mensen?
* Waar wind ik me over op?
* Wat zou ik anders willen in de wereld?
* Waar ben ik jaloers op?
* Wie bewonder ik?
* Waar droom ik van?

Om het nog wat meer te laten leven, besloot hij zijn vier slaapkamers een thema te geven, waar hij zijn antwoorden goed zichtbaar kon ophangen. Kamer één ging over zijn jeugd en zijn kwaliteiten uit die tijd. Hij dacht terug aan zijn schooltijd, zijn bijbaantjes, zijn vrienden uit die tijd. Kamer twee ging over zijn studententijd en zijn eerste uitzendbaantjes. Kamer drie over zijn professionele werkjaren. De masterbedroom, waar hij zelf sliep, stond in het teken van de toekomst, zijn dromen. Werken daaraan stelde hij nog even uit.

Op de muren van de drie andere kamers plakte hij vellen papier met talenten, bijzondere gebeurtenissen waar hij een rol in speelde, mijlpalen en andere opvallende gebeurtenissen uit die periode.

In kamer één begon hij met zijn lagereschooltijd, waaronder het feest voor juf Agnes, met het woord 'initiatief'. Bij zijn bijbaantje in de bakkerswinkel schreef hij de woorden 'aandacht' en 'service'. Tantes therapie beschreef hij met de rare aandoening 'pronoia' en het scholierencafé kreeg 'ondernemend'.

In kamer twee beschreef hij de liftwedstrijd naar de zon, het lustrum, het dispuut en het jaarboek. Bij alle activiteiten pasten de woorden 'origineel' en 'creatief' en 'mogelijkheden zien'.

Bij zijn eerste werkervaringen in kamer drie moest hij denken aan de online business met Cor, Salesmagician. com. Ook hier pasten 'ondernemend' en 'mogelijkheden zien' prima bij.

Voor Ber werd al snel een rode draad zichtbaar.

Kamer drie vulde zich met salesresultaten, zijn diverse carrièredoorbraken en inzichten over zijn mensen. Hij schreef er de woorden 'intuïtie' en 'mensen helpen' bij.

Ber klapte zijn laptop open en zag tot zijn verrassing dat veertien mensen zijn vragen inmiddels al hadden beantwoord. Ze hadden er lol in gehad, schreven ze.
Er was geen ontkennen aan, want de antwoorden waren opvallend eensgezind.

'Jij denkt groot en wilt mensen helpen.'
'Groot denken, mogelijkheden zien en te gelde maken.'
'Oneindige mogelijkheden zien en benutten.'
'Creatief, de derde weg zien en ervoor gaan.'
'Je gelooft in mogelijkheden, volgt je intuïtie en komt in actie.'

Ber liet de laatste reactie op zich inwerken. Hij dacht terug aan wat Sjamaar hem had gezegd. 'Jij denkt in mogelijkheden en gelooft in overvloed. Jij kunt de wereld een stukje beter maken met je talent, daar ben ik van overtuigd.'
Ook in zijn schatkistboekje stonden een paar reacties die hierop leken.
Ook hoorde hij Paul en Sarah, uit Mallorca: 'Geloof in mogelijkheden en volg je intuïtie.'
Hij liep naar zijn slaapkamers en bekeek de vellen papier aan de muren. Bij alle dingen waar hij trots op was, was dit zijn patroon geweest: mogelijkheden zien, intuïtie volgen.

'En actie ...' zei hij tegen zichzelf. Hij was na het zien van de mogelijkheden en het volgen van zijn intuïtie ook altijd in actie gekomen. Kleine acties soms, maar ook massale acties.

Ineens trof het inzicht hem als een donderslag: Bam! ACTIE.
Hij deinsde achteruit.
Alsof de bliksem was ingeslagen.
Hij hoorde de stem van Paul: 'Er is nog een derde ingrediënt, maar dat mag je zelf ontdekken.'
Dat derde ingrediënt was ACTIE. Hij wist het zeker.

Hij rende naar de woonkeuken, pakte een krijtje en schreef de succesformule met grote letters op de met schoolbordverf geschilderde muur:

Geloof in mogelijkheden
Volg je intuïtie
Kom in actie

Hij zag ineens helder voor zich waarom dingen hem zo schijnbaar moeiteloos af waren gegaan die voor veel anderen een lijdensweg vormden. Hij zag waar het bij zo veel mensen aan ontbrak en wat hij zelf ook even kwijt was de afgelopen maanden: een idee hebben van wat je wilt, waar je van baalt, wat je anders zou willen. Maar niet in actie komen om er wat aan te doen. Om welke reden dan ook. Welk excuus mensen ook maar bedachten of welke belemmerende overtuiging ze ook hadden. Ik ben te oud, te jong, geen geld, geen netwerk, het kan niet, het mag niet, het lukt niet, ik kan het niet. De obstakels die mensen voor zichzelf zagen, waren legio en daardoor ondernamen ze geen actie. De opwinding die zich van Ber meester had gemaakt, was bijna fysiek voelbaar. Als een kind rende hij naar buiten en maakte een bommetje in het zwembad.

Hij trok zijn korte broek aan en besloot een rondje te gaan lopen. Hij barstte van de energie en adrenaline. Tijdens het lopen dacht hij na over de vragen: Waar maak ik me kwaad over? Waar wind ik me over op? Wat zou ik anders willen zien in de wereld?

Zijn gedachten gingen uit naar de eerste avond op Ibiza met Maria, waarin hij zijn grieven had geuit over de onvrede en het chagrijn op de werkvloer. De houding van veel werknemers, die niet voor hun dromen durven te gaan en genoegen nemen met waar ze duidelijk niet tevreden over zijn. Het feit dat zovelen aan een burn-out lijden of nog erger. Dat levens lang zo leuk niet zijn, omdat mensen hun ei in hun werk niet kwijt kunnen. Ze zijn niet in staat die dingen te doen waar ze lol in hebben. Dat percentage van 88 is toch krankzinnig?

Het was hem vrij snel duidelijk dat hij zich hier over opwond.

Terug in de keuken keek hij nog eens naar de gouden formule. Zou het kunnen dat mensen gewoon niet in staat zijn om hun werkleven te verbeteren, omdat ze deze formule niet kennen? Logisch dat het niet lukt, als je niet weet wat je moet doen. Moest hij hun dat niet gaan vertellen?

Er leken wat puzzelstukjes op hun plaats te vallen.

Met een bord vol gezonde hapjes stapte hij zijn droomkamer in, de masterbedroom. In dromen zit verborgen
kracht, zo wist hij van een verhaal over Walt Disney, die
overleed vlak voor er een groot Disneypark zou worden
geopend. Een journalist vroeg aan Rod Disney, zijn neef:
'Is het niet ontzettend jammer dat Walt het nu niet meer
kan zien?', waarop de neef uitlegde: 'Nee, het zit anders:
de oude Walt zag het eerst, daarom kunnen wij het nu
zien!' Alles wordt twee keer gecreëerd, eerst als visioen
of droom of wens, en daarna pas in het echt, bedacht Ber.
    Met zijn ogen dicht bedacht hij hoe zijn ideale wereld
eruit zou zien en welke rol hij daarin speelde. Hij visualiseerde zijn leven vijf jaar vooruit. Er kwamen allerlei beelden. Een heerlijke plek om te wonen. Maria. Een
gezin?
    Hij zag zichzelf heel relaxed, zonder de werkstress die
hij nu ervoer. In een wereld waar iedereen uitkeek naar
zijn werk, mensen blij waren dat ze konden doen wat ze
leuk vonden en waar ze goed in waren. Harmonie tussen
de mensen op de werkvloer, die elkaar respecteerden en
aanvulden in hun eigen unieke talenten. Werkplekken
waar mensen zichzelf konden ontplooien middels hun
werk en waar mensen in hun waarde werden gelaten
en werden gezien voor wat ze te bieden hadden. Het
was een heerlijke plek. Zijn eigen rol was niet helemaal
helder, behalve dat hij op de achtergrond de drijvende
kracht was geweest voor deze situatie. Maar hoe ...?

De volgende ochtend werd hij wakker uit zijn dromen. Hij voelde zich licht en uitgerust, alsof hij een reis had gemaakt. Een reis naar zijn toekomst. Het was een heerlijke wereld om in te zijn en hij voelde een diepe voldoening bij het idee dat hij een rol speelde in het creëren van die wereld. Tegelijkertijd voelde hij onrust en teleurstelling, omdat hij geen idee had hoe hij dat moest bereiken.

In de woonkamer plofte Ber op de grote loungebank. De fantastische geluidsinstallatie had speakers door het hele huis. Hij zette de shuffle aan. Hij bekeek de biografieën in de boekenkast en dacht na over wie hij bewonderde. Of op wie hij jaloers was, want jaloersheid kun je ook positief laten werken, realiseerde hij zich.

Hij zag de grote namen van Gandhi, Mandela en moeder Teresa, die bewonderde hij uiteraard. Maar ook Jobs en Gates, Zuckerberg en Page en Brinn van Google stonden ertussen, die bewonderde hij ook. Ondernemers die het verschil maken. Hij las over Ricardo Semler, die met zijn bedrijf Semco echt koos voor de mensen. En over luchtvaartmaatschappij Southwest Airlines, met 'Employee First' als motto. Geen marketingpraatjes, practice what you preach. Tony Hsieh van Zappos en Richard Branson van Virgin, hetzelfde verhaal. Werk als belangrijk middel om gelukkig te worden. Mensen die echt een positieve impact hadden op grote groepen mensen en tegelijkertijd een heleboel lol hadden en geld verdienden, dat was wat Ber ook wilde. 'Embrace life through work' las hij ergens. Wow.

Ber voelde intuïtief dat het creëren van dit soort werkomgevingen zijn passie was, maar hij had nog geen idee hoe hij invulling kon geven aan zijn nieuw ontdekte passie. Het was inmiddels zondagmiddag, nog vijf uur voordat Maria terug zou komen. Hij had het idee dat hij er nog niet helemaal was.

In zijn mailbox waren nog wat reacties binnengekomen, in lijn met de eerdere: 'Jij kunt dingen voor elkaar krijgen, die anderen niet durven te dromen'. Hij liet het zich welgevallen. Het versterkte zijn ontstane idee dat hij iets moois te doen had.

Er was ook een mail met een uitnodiging voor een borrel op het werk, komende vrijdag: 'Thank God It's Friday' was het thema. Wie heeft dat thema bedacht? Dat is toch te cynisch voor woorden! Ber voelde afstand tot zijn werk.

Op de shuffle kwam 'I Don't Like Mondays' van de Boomtown Rats voorbij. Hoeveel mensen zouden nu met een knoop in hun buik aan morgen denken, de dag dat het werken weer begint, mijmerde hij.

'Thank God It's Monday!'
Uit het niets kwam dat zinnetje.
Ineens wist hij het.
Hij ging ervoor zorgen dat niet vrijdag, maar maandag de leukste dag van de week werd. Een dag om naar uit te kijken, door mensen te helpen hun werk zo in te vullen dat je je er gewoon op verheugde. Met behulp van zijn magische succesformule: Mogelijkheden, Intuïtie, Actie.

Het begon te stromen. Hij opende zijn tekstverwerker en begon te schrijven. De ideeën kwamen intuïtief op en zijn vingers kwamen niet meer van het toetsenbord. Thank God It's Monday: TGIM. Een online TGIM-programma, waar je elke week een stap mee kon zetten op weg naar leuker werk. Een netwerk van ambassadeurs, een wereldwijd vast TGIM-moment op maandag om 12 uur. TGIM-lunches, om stil te staan bij je werkweek en elkaar te helpen. TGIM-buddy's die elkaar opzochten. Allerlei TGIM-tests. Bijeenkomsten in Starbucks, hotels, Seats2Meet, scholen, universiteiten. En online natuurlijk: hangouts, Facebook, Google, Twitter. Een site, een app, een nieuwsbrief per tijdzone, webinars, TGIM-talks.

Na vijf kwartier sprong hij op en begon aan een kamerbrede mindmap op de schoolbordwand in de woonkeuken, helemaal in zijn flow:

Een fonds voor alle goede TGIM-ideeën, een nieuwe TGIM-song, misschien wel gezongen door Bob Geldof, een tune, een jingle. Er moest branding komen, een logo, een huisstijl. Een briljante lancering, virale video's, rolmodellen, zo cool dat iedereen moet meedoen. Daluren op maandag in restaurants, hotels, kranten en bladen worden benut voor deals. Televisie, radio en de kranten. Een TGIM-guerrilla langs kantoren, op benzinestations, in treinen, op vliegvelden. Het bevrijdingsfront voor grijze muizen. Send-a-friend, peercoaching op maandag, gratis coachspreekuren, alle coaches doen mee voor accreditatiepunten, stickers op lantaarnpalen, borden langs de snelweg, een podcast, taxireclame, reclame in liften ...

Hij schrok op toen zijn telefoon ging. Maria. 'Schatje, ik stap nu in het vliegtuig. Kom je me halen? En hoe gaat het met de magic?' vroeg ze.

'Je wilt het niet weten. Het wordt te gek! We gaan morgen beginnen, maandag!' antwoordde hij opgewonden. 'Pak even een taxi, wil je. Ik leg het je later allemaal uit.'

Maria was blij zijn gepassioneerde stem weer te horen.

'O ja,' zei hij, 'en ik ga mijn baan opzeggen.'

Toen Maria uit de taxi stapte, was Ber zo druk in de weer in de woonkeuken, dat hij haar niet opmerkte. Ze bekeek hem door het venster, alvorens naar binnen te gaan. Lichtjes in zijn ogen!

'Wat een kunstwerk!' zei ze toen ze de enorme mindmap over de hele wand zag. Verrast gaf hij haar een zoen en ging verder.

Ze zette haar spullen neer en keek van een afstandje naar wat er op de muur stond.

'Het wordt echt super. Ga zitten, dan vertel ik je het plan.'

Ze schonk twee glazen wijn in en ging zitten. 'Heb je al gegeten?'

'Straks', zei Ber, terwijl hij nog meer aantekeningen op de muur maakte.

'Je weet toch dat ik het niet kan verdragen dat zo veel mensen van hun werk balen en daar niets aan doen? Nou, that's where I come in. Ik ga ervoor zorgen dat maandag de leukste dag van de week wordt. Een dag waarop iedereen stilstaat bij zijn werk en in actie komt als hij er niet tevreden over is. En daar ga ik bij helpen.' Hij glunderde. 'Thank God It's Monday heet de beweging. En het wordt larger than life.'

Maria las vluchtig de mindmap. Het ging alle kanten op, ze kon er niet veel van maken: online, Google, Facebook, Twitter. Vliegvelden, guerrilla, TGIM-lunches, Starbucks, TGIM-app, Bob Geldof, Richard Branson, TGIM-club, droombaanhotellobby's, community, ambassadeurs ...

'Ik ga er wereldwijd voor zorgen dat mensen lol in hun werk hebben, dat ze doen wat bij ze past. En dat ze er wat aan kunnen doen als dat niet het geval is. Ik heb de gouden formule ontdekt, waardoor het mij altijd gelukt is successen te creëren en anderen niet.' Hij ratelde maar door. 'Dat heb ik van allerlei mensen teruggekregen, ik heb het ze gewoon gevraagd: Patrick, Cor, mijn broer en zus, Dick van het uitzendbureau. Ik zie wat ik altijd deed als iets lukte: ik zag de mogelijkheden, volgde mijn intuitie en kwam in actie. Die actie was het missende ingrediënt, die is cruciaal en dat vergeten de meeste mensen. Dan wordt het nooit wat natuurlijk.'

'Oké, maar wat is je plan nou precies?' vroeg Maria voorzichtig.

'Ten eerste mijn baan opzeggen', antwoordde Ber resoluut.

Maria zweeg.

'Vervolgens een beweging van de grond trekken, met alles wat ik in huis heb, om wereldwijd een verschil te maken op de werkvloer. Miljoenen mensen helpen aan een leuker leven, door ze betere keuzes in hun werk te leren maken. Embrace life through work.'

Maria keek stilletjes voor zich uit en stond op. 'Maar daar hoef je toch je baan niet voor op te zeggen? Ik weet het niet hoor, Ber ...' Ze liep het terras op.

Ber was verbijsterd. Dit had hij niet verwacht.

Hij rende achter haar aan. 'Schat, dit moet ik doen. Ik heb ontdekt waardoor het komt dat mensen blijven zitten waar ze zitten, ook al zijn ze ontevreden. Het is logisch als je niet snapt hoe het werkt. Ik heb ontdekt wat de stappen zijn, die moet ik gaan delen. Met de hele wereld.'

Maria was bij het zwembad gaan zitten.

'Ber, ik vind het vervelend om het te zeggen. Maar mensen zijn hardleers, het wordt trekken aan een dood paard, niemand zit hierop te wachten. Het spijt me dat ik het zeg, maar ik wil je behoeden voor teleurstellingen', zei ze zacht. 'Het lukt je nooit om dat van de grond te krijgen. En zeker niet om daar ook nog geld mee te verdienen.'

Ber kon zijn oren niet geloven. Was dit dezelfde vrouw die hem eerder had aangemoedigd om zijn hart te volgen?

'Wat als we straks een kleintje willen?' ging ze door. 'Dan willen we niet op een kamertje met z'n drieën zitten, we zijn ook aan onze levensstijl gewend. Dat wil je toch niet zomaar opzeggen?' Haar ogen stonden vlak. Het huilen stond haar nader dan het lachen. 'Misschien moeten we wel accepteren dat werken niet altijd leuk is. Ik heb ook weleens een baaldag, dat hoort er gewoon bij, Ber! Bovendien, jij bent altijd van de plannen, maar hiervoor heb je uitvoeringskracht nodig, dat is niet jouw sterkste kant, Ber.' Dat was venijnig, want als er iets was wat hij had, was het uitvoeringskracht.

'Ik wil gewoon niet dat je jezelf belachelijk maakt met een groots plan dat niets wordt', zei ze met tranen in haar ogen.

Ber was compleet uit het veld geslagen. Alle energie en flow die hij de afgelopen uren had gevoeld, was uit hem weggetrokken. Hij keek naar Maria en voelde niets. Een afstand. Hij kon de brug niet slaan naar haar gedachten en gevoelens.

'Ik moet even weg', was het enige wat hij kon zeggen. Hij liep de oprijlaan af, het terrein af, de donkere nacht in.

Na een halfuur kon hij wat afstand nemen van Maria's reactie. Hij realiseerde zich dat ze misschien gewoon in paniek was door zijn plan.

Ik moet terug naar mijn eigen vuur, bedacht hij.

Onder de sterren stelde hij zich zijn honderdste verjaardag voor. Hij visualiseerde een feestelijke bijeenkomst, vol krasse knarren die met hem het glas hieven op zijn eeuwfeest. Iedereen die wat voor hem betekende, was er. Het was druk en de sfeer was opgetogen. Toen beeldde hij zich in dat Maria het woord vroeg aan het gehoor. Ze klom op een kleine verhoging. Voor haar 98 jaar zag ze er nog goed uit.

'Lieve vrienden,' begon ze, 'graag wil ik in een paar woorden terugkijken op mijn heerlijke leven met Ber. Ik kan niet zeggen hoe ongelooflijk dankbaar en trots ik op mijn man ben. De enorme bijdrage die hij heeft geleverd door de dappere stap te zetten om zijn baan op te zeggen. In eerste instantie was dat tegen mijn zin, maar hij heeft wel de Thank God It's Monday-beweging van de grond getrokken. Ik ben zo blij dat hij dat heeft doorgezet. Miljoenen mensen die indirect of direct door hem geholpen zijn om een leuker leven voor zichzelf te realiseren.' De zaal applaudisseerde.

'Ik heb het je niet altijd makkelijk gemaakt, Ber', ging ze verder. 'Maar een van de vele redenen waarom ik van je hou, is omdat je altijd je eigen formule hebt gevolgd, zelfs voordat je wist dat het een formule was. Jij zag en geloofde altijd in mogelijkheden die ik nog niet zag, je volgde je eigen intuïtie en kwam in actie. Zelfs nu nog, want pensioen is een term die bij jou totaal geen vaste grond vindt. Jij hoeft allang niet meer te werken, maar je mag lekker doorgaan, hoor. Graag!' Ze stapte voorzichtig van het podium af en liep naar hem toe. Ze gaven elkaar een knokige knuffel, die heerlijk voelde.

Een serene rust daalde over Ber heen. De nacht was perfect stil, slechts hier en daar onderbroken door het geblaf van een hond. De grijns op Bers gezicht ging niet meer weg.

'Wat zou de kop van *The New York Times* moeten zijn, over wat wij met TGIM gaan bereiken?', stelde hij zichzelf de prikkelende vraag. Zijn fantasie stroomde weer.

'Maandag nieuw hoogtepunt van de week.'
'Werk herontdekt als bron van geluk.'
'Uitkijken naar maandagmorgen normaalste zaak van wereld.'

'Wereldwijde beweging helpt mensen aan plezierig werk.'

Hij zag het levendig voor zich en kon het artikel bijna alinea per alinea schrijven.

Toen hij bij de villa aankwam, waren de lichten in het huis al uit. Maria had de terrasverlichting aangelaten toen ze naar bed ging. Hij stapte de woonkeuken in en bekeek zijn mindmap. Hij stelde zich Maria voor, die hij waarschijnlijk de stuipen op het lijf had gejaagd met de manische opsomming van ideeën en kansen op de muur. Er was niet veel lijn in te ontdekken. Als eerste stap moet ik meer lijn en structuur aanbrengen in het plan, bedacht hij vastberaden. En hulptroepen om me heen verzamelen.

Met een rode stift schreef hij in grote letters: 'New York Times kopt: We do like Mondays!'

Hij had te doen met Maria. Toen hij in de droomkamer tegen haar warme lijf aankroop, werd ze wakker. 'Sorry, hoor, schatje', mompelde ze slaapdronken.

'Het is goed lieverd.' Hij kuste haar rug. 'Het is heel goed zelfs.'

HOOFDSTUK 6
De beweging

Achteraf gezien is het eigenlijk niet te geloven dat er nog geen jaar zat tussen het weekend op Ibiza en het artikel op de voorpagina van *The New York Times*. Dat had Ber zelf ook niet kunnen voorspellen, toen hij een week na de trip zijn ontslag had ingediend bij zijn verbouwereerde baas in Barcelona.

'Je weet niet wat je doet, Ber', was het enige wat David had kunnen uitbrengen.

'Ik moet dit gewoon doen, David', had Ber gezegd. 'Ik neem Maria mee naar Amsterdam om van daaruit wereldwijd een verschil te maken op de werkvloer. Global empowerment. Ik moet zo veel mogelijk mensen helpen door ze te vertellen hoe ze hun werk weer leuk kunnen maken. Er is zo veel leed, zo veel onvrede, zo veel gemist levensgeluk. Ik moet daarbij helpen, want het is veel eenvoudiger dan mensen denken!'

Meewarig had de Zweed hem aangekeken. Hun werelden lagen mijlenver uiteen. Hij luisterde nog nauwelijks naar Bers vervolg.

'Ik heb de drie simpele stappen ontdekt, waarmee mensen zelf hun werk leuker kunnen maken. Dat kan ik niet voor mezelf houden.'

Met Bers vertrek had David er een levensgroot probleem bij, daar was Ber zich van bewust. De veertiger had een vermoeide blik in zijn ogen. Zíjn werk leek vooralsnog niet leuker te worden, met Bers stap.

Zijn enthousiasme over zijn nieuwe plannen deelde Ber uitgebreid met alle collega's die het maar horen wilden. 'Ik voel aan alles dat ik mijn ontdekte formule de wereld in moet sturen', ratelde Ber. 'Dit is wat ik te bieden heb. Hoe cool is het, om miljoenen mensen de tools en geheimen te geven waarmee ze zichzelf beter, leuker en gelukkiger maken. De mogelijkheden zien, je intuïtie volgen en in actie komen. Zo simpel. Dit is wat ik moet doen, dat kan niet anders.'

'Geweldig, Ber. Moedig, hoor', was een veelgehoorde reactie. 'Knap dat je het durft.' Vaak bleef het daar bij en gingen mensen over tot de orde van de dag, terwijl Ber verder stuiterde. Maar Ber had geen bevestiging nodig, de adrenaline gierde door zijn lijf.

Maria zag de verhuizing naar Nederland als een mooi avontuur. Haar baan had inmiddels zo'n mobiel en internationaal karakter, dat ze ook prima vanuit het Amsterdamse kantoor van het bedrijf kon werken. Ze hadden het geluk dat ze een plek in de Amsterdamse wijk De Pijp konden betrekken, het appartement van een Nederlandse vriendin die een paar maanden op reis was.

De drie weken die nodig waren om het werk goed over te dragen en te verhuizen naar Amsterdam leken een eeuwigheid te duren, maar nu zat Ber thuis aan de keukentafel, woensdagochtend kwart over tien. Hij dacht terug aan het Spaanse avontuur en aan de warme woorden bij zijn afscheid. Het was een mooie tijd geweest. Nu was het tijd voor het volgende avontuur. Hij moest door. Voor het eerst in zijn leven was Ber werkloos. Nee, ondernemer, corrigeerde hij zichzelf. Een wereld van verschil.

Het huis was stil, Maria was al vroeg vertrokken en de rust in het huis was allesomvattend. Je hoorde bijna niets van de straat. In het rustige straatje, op twee blokken van de Albert Cuypmarkt, was weinig verkeer in de ochtenduren. De meeste buurtbewoners gingen al vroeg op weg naar hun werk.

Ber bekeek zijn aantekeningen, die uitgespreid op tafel lagen maar waar nog niet veel lijn in te bespeuren was. Losse gedachten, flarden en ideeën. Genoeg ideeën, dat wel.

'Hulptroepen verzamelen', sprak hij zachtjes voor zich uit. 'Dat is een van de eerste dingen die ik moet doen. Slagkracht organiseren.' Hij was altijd goed geweest in het vinden van mensen die hem aanvulden, dat gaf vertrouwen. Hij opende zijn computer en begon een nieuwe mail.

'Help!' typte hij boven aan de mail. 'Miljoenen mensen gaan dagelijks met tegenzin naar hun werk. Voor hen starten wij een wereldwijde Thank God It's Monday-beweging. We gaan mensen helpen hun werk leuker te maken, met gratis oefeningen, werkvormen, inspiratie. We koppelen mensen aan elkaar, zodat ze samen aan het werk kunnen en zodat werk weer iets wordt om naar uit te kijken. Maandag is straks de leukste dag van de week. We gaan mensen helpen beter, leuker en gelukkiger te worden! Dat vind ik zo belangrijk, dat ik mijn carrière ervoor heb opgegeven. Ik ga ervoor en kan daarbij alle hulp gebruiken. Vind jij dit net zo belangrijk als ik? Ben of ken jij iemand die wil helpen met sales, allianties, video's, ondersteuning, financiën, website, community-management, content, enzovoort? Laat het me weten en doe mee! Heb je een goed idee of wil je meedenken? Ook dat hoor ik graag!'

Hij verstuurde de mail naar zijn hele Gmail-adressenboek. Dat bleken meer mensen dan hij had gedacht. Blijkbaar werden alle mailadressen waarmee je ooit contact hebt gehad, opgeslagen. 1878 mails.

Maar ik heb er nog veel meer, bedacht Ber. Hij opende de database van Salesmagician.com. Daar bevonden zich ruim 12.000 adressen van salesgeoriënteerde mensen. In een impuls en lichte staat van opwinding kopieerde hij de verstuurde mail. Send. Nog eens 12.242 mails verstuurd. Achteraf vergiffenis, in plaats van vooraf toestemming. Zijn compagnons Coen en Adriaan zouden het hem vergeven. Intuïtieve actie!

De dagen erna stroomden de reacties binnen. Aanmoedigingen, losse ideeën, enthousiaste reacties. Het was hartverwarmend hoe de meeste mensen hem een hart onder de riem staken, zijn actie bewonderden en hem veel succes wensten. Er waren ook wat reacties van mensen die echt wilden meehelpen, maar nog niet van mensen die zich heel onderscheidend profileerden of kwalificeerden. Ook las Ber reacties van vrienden en kennissen waarin hij enige terughoudendheid bespeurde. Het zat niet in de exacte woorden, maar meer tussen de regels door:

'Ik wens je veel succes met deze missie, je zult het nodig hebben!', schreef een oud-collega.

'Sterkte met je avontuur', mailde een ander. Of: 'Moedig hoor, Ber. Een hele uitdaging. Maar het gaat je vast lukken', klonk een derde mail niet erg overtuigend.

Op de eerste maandag van zijn nieuwe bestaan kon Ber de energie niet vinden. Het was inmiddels al half twaalf geweest en met een derde kopje koffie achter zijn beeldscherm las hij de mails nog eens door.

De reacties van zijn omgeving waren zonder uitzondering positief, maar de echte steun van mensen die met hem het verschil zouden maken, bleef uit. Had hij anders verwacht? Had hij gedacht dat mensen meteen wilden meedoen? Meer support? Ber merkte dat zijn hoofd vol zat met onrustige gedachten, die hem de hele ochtend al afhielden van productieve actie.

Intuïtief ging Ber midden in de kamer op een kussen op de grond zitten. Hij sloot zijn ogen, legde zijn handen op zijn gekruiste benen en zocht de stilte op. De weinige geluiden van buiten waren niet overheersend, maar Ber zocht de stilte in zijn drukke hoofd. Zijn achterste raakte via het kussen de grond, verbonden met zijn ledematen, zijn ademhaling, zijn hartslag. Gedachten kwamen langs, hij observeerde ze en liet ze gaan. De focus op de ruimte tussen de gedachten maakte hem rustig. De ruimte tussen de gedachten in werd groter. Stilte.

'Wat is het voordeel van het ontbreken van volle support?' was de vraag die intuïtief opkwam. Hij liet haar op zich inwerken. Een beeld van de ideale wereld doemde op. Een wereld waarin mensen genieten van hun werk, waarin ze hun optimale zelf kwijt kunnen. Elkaar daarbij helpend, in harmonie, elkaar aanvullend. Werkvloeren waarin collega's elkaar zien en ondersteunen om het beste uit hun werk te halen, door zo veel mogelijk zichzelf te zijn. Lachende mensen, high fives. Het was een heerlijk visioen.

'Wat betekent het dat support uitblijft?' kwam de vraag weer voorbij. Er verschenen woorden en letters. Willekeurige letters, nonsenslettergrepen. Ber kon er niets van maken:

Ifi. Ti Sto. Beit. I Sup. Tom E.

Met gesloten ogen, zonder gedachten staarde Ber naar de letters. Ze leken te dansen, zich te herschikken. Ineens zag hij wat er stond:

IF IT IS TO BE IT IS UP TO ME

Het raakte hem als een donderslag bij heldere hemel.

'Natuurlijk! Het moet gewoon echt van mij komen', realiseerde hij zich. 'Echt van mij. Dit is wat ik te doen heb, en niemand anders. Dit is mijn opdracht, mijn kunst, mijn bijdrage. Nu de steun nog uitblijft, is dit des te duidelijker! It's up to me.'

Het besef deed een diepe rust over hem neerdalen.

Een halve minuut later doorbrak een kakofonie van sirenes de stilte. Maandag 12 uur precies. Het maandelijkse testmoment van de luchtalarmen klonk over de stad. Ber schrok op uit zijn spontane meditatie.

'Maandag 12 uur als ankermoment', bedacht hij. 'Wereldwijd. Thank God It's Monday!'

Hij snelde naar zijn bureau en schreef op: 'If it is to be, it is up to me: maandag 12 uur.'

Met een hervonden energie en vastberadenheid besteedde hij de middag aan het maken van een actieplan. Helder en gericht bedacht hij wat er moest gebeuren en in welke volgorde. Na wat schuiven en zoeken leverde dat het volgende rijtje op:

1 Missie
2 Team
3 Strategie
4 Geld

In gedachten pendelde Ber tussen het grote visioen en het hier en nu. Hij zag de wereld voor zich die hij wilde creëren, waarin werkonvrede het hoofd werd geboden, waarin mensen zichzelf kwijt konden in hun werk en met plezier een bijdrage leverden vanuit hun unieke talenten.

Hij dacht terug aan de ontmoeting met Paul Albenkov op Mallorca. 'De meeste mensen geloven niet dat werk leuk kan zijn', had hij gezegd. 'Ze denken dat hun leven is uitgetekend, zonder dat ze daar invloed op hebben – terwijl je werk, na liefde, het mooiste is wat je als mens te bieden hebt.'

Ber voelde zich diep verbonden met die woorden. En met de pijn van zovelen. Het zal voor een groot deel missiewerk worden, bedacht hij zich. Mensen helpen in te zien dat het anders kan, dat ze een keuze hebben, dat

werk leuk kan zijn. Alles begint met het geloven in mogelijkheden. Je komt alleen in actie als je weet dat het zin
heeft, dat het kan.

'Werk is nou eenmaal niet leuk, Ber', herinnerde hij zich
de woorden van een van zijn fietsmaatjes. Hoe hardnek-
kig was dat misverstand! 88 procent van de werkende
mensen ervaart elke dag dat hij niet tevreden is met zijn
werk. Als je denkt dat dat niet anders kan, als je deze
overtuiging in je achterhoofd hebt, zul je nooit gericht
in actie komen. Wat je intuïtie je ook influistert; de
gedachte dat werk nou eenmaal niet leuk is, zal je gevan-
genhouden in werk dat niet leuk is. Je ziet wat je gelooft.
Gedachten worden dingen. Die gedachten ombuigen zal
een belangrijke eerste stap zijn.

Ber besefte dat dit zijn missie was: het gat overbrug-
gen tussen de wereld zoals ze is en de wereld zoals ze kan
zijn. Met eenvoudige tools mensen op andere gedachten
brengen en hen vervolgens helpen in actie te komen om
hun werk leuker te maken. Simpel. Effectief. Wereldwijd.

'Alles komt samen op een website,' praatte Ber in zichzelf, 'dat sowieso.'

Tijd voor actie.

Hij surfte over het net, op zoek naar de juiste domeinnaam en ontdekte dat de ideale URL nog vrij was: www.
tg.im. Opgewonden pakte hij zijn creditcard en met een
paar simpele muisklikken en de betaling van een aan-
zienlijk jaarbedrag was de domeinnaam van hem, drie
minuten nadat hij bedacht had dat er een website moest
komen. Zo snel kan het gaan als intuïtie in actie komt.
De domeinnaam was zijn eerste financiële investering in

de beweging en het voelde fantastisch. Het was nu echt begonnen.

'De website is het knooppunt van waaruit we de wereld inspiratie, inzichten en tools gaan geven om in actie te komen', ging Ber verder. 'We moeten dus zo veel mogelijk mensen naar de website krijgen en zich daar laten aanmelden, zodat we die tools en inzichten continu met ze kunnen gaan delen. Dat is de strategie.'

Ber realiseerde zich dat er in deze fase meer kosten gemaakt zouden moeten worden. 'Seed-capital' wordt het genoemd, het geld dat nodig is in de allereerste opstart. Het wordt aangewend om een eerste website te bouwen en voor de branding, de huisstijl, het eerste drukwerk. Alles voordat er echt geld is binnengehaald of wordt verdiend. Meestal wordt het ingebracht door de ondernemer zelf. In Bers geval zou het om enkele duizenden euro's gaan.

'Er moet een team komen', mompelde Ber voor zich uit. Hij realiseerde zich dat hij hulp nodig had van mensen met commitment, mensen die er net als hij echt voor zouden gaan en al hun tijd en energie zouden steken in de beweging. Een team dat elkaar aanvulde en inspireerde, dat het voorbeeld was van zoals werk kon zijn, een kleine club bevlogen mensen die hun droombaan hadden in het opzetten van de beweging.

Op een vel papier schetste Ber de belangrijkste taken voor het basisteam:

* communitymanager, de spin in het web, een alleskunner;
* vormgever, die ideeën binnen een kwartier kan vormgeven, in de huisstijl en met de juiste look-and-feel;

* techniek, iemand die de website kan bouwen en onderhouden;
* sales, zo veel mogelijk allianties en partners vinden;
* marketing, unieke acties bedenken om de wereld op TGIM te wijzen.

Dit basisteam moest aangevuld worden met allerlei inhoudelijke coaches en experts en mensen die konden ondersteunen bij projecten, zoals interviews, teksten schrijven, video's maken en dergelijke. Voor hen zou de exposure een ondersteuning van hun eigen business zijn.

Ber staarde uit het raam. Natuurlijk zou het bouwen van zo'n team niet vanzelf gaan. Een onderneming als deze begon met de juiste mensen die beschikten over de juiste passie en commitment. Hen vinden zou de eerste, heel belangrijke, stap zijn. Vervolgens moest hij hun de juiste beloning kunnen bieden. Het liefst in geld, zodat ze zich niet nog elders met hun broodwinning bezig hoefden te houden en er vol voor konden gaan. Maar er zijn meer betaalmiddelen dan geld, vond Ber. Het werken aan een geweldig project, met inspirerende mensen, de fantastische kans om de wereld een stukje beter te maken, zou bijdragen aan de beloning en zou het makkelijker maken om de juiste mensen te vinden.

Geld was uiteindelijk nooit een probleem, wist Ber. Er was geld in overvloed in de wereld. De kunst was om er toegang toe te krijgen. Met het juiste aanbod anderen verleiden om mee te doen.

Sponsors. Klanten. Partners. Financiers. Donateurs. Vrienden. Fondsen. Crowdsourcing.

Het moest mogelijk zijn om met de TGIM-beweging businessmodellen te ontwikkelen, om geld te mobiliseren om duurzaam te kunnen blijven bestaan en te functioneren. Steeds steviger te worden, stap voor stap. Van klein naar groot, slim zijn en groot denken tegelijk. Het zou een van de eerste puzzels zijn die Ber de komende weken op zou gaan lossen.

'Als we je moeten helpen met de website, dat doen we natuurlijk graag voor je!' luidde een binnenkomend mailtje van de jongens van Salesmagician.com 'Voor nop. Als wederdienst voor jouw hulp aan ons.' Het eerste welkome hulpaanbod was binnen. Geweldig! Dit creëerde de mogelijkheid om op heel korte termijn een eerste versie van de website in de lucht te krijgen. Versie 1.0.

'Vroeger', stak Cor van wal tegen Ber, 'was het opstarten van een bedrijf of beweging veel ingewikkelder.' Bers oude baas – de beetje dikkige, bevlogen eigenaar van het promotiebureau – had hem uitgenodigd voor een lunch om met hem mee te denken. Het tweede concrete hulpaanbod, dat Ber met beide handen had aangegrepen. Cor was een inspirerend ondernemer die veel voor elkaar had gekregen. Hij genoot ervan om zijn kennis te delen, net als hij genoot van zijn clubsandwich, die hij met grote, luidruchtige happen soldaat maakte.

'Voor je begon,' ging hij met halfvolle mond verder, 'moest je vroeger eerst uitvoerig over het totaalplan van een bedrijf hebben nagedacht, met alle details en mogelijke scenario's en risico's, voordat er ook maar één actie werd ondernomen. Maar dat is nu totaal niet meer nodig. Je begint gewoon, je meet wat werkt en je past je acties gaandeweg aan.' Hij nam nog een flinke hap. 'Zo word je steeds beter en kun je direct van start.'

'Jump off the cliff and learn how to fly on your way down', zei Ber.

'Precies!' antwoordde Cor met consumptie. 'Alleen kan dat nu allemaal met veel minder risico's.' Hij wilde doorpraten en zijn mond leegeten tegelijk. Hij koos gelukkig voor het laatste. 'Communiceren met je publiek is veel makkelijker, goedkoper en directer dan een tijdje terug', ging hij verder. 'Prototypes van producten en pilots van diensten zijn eenvoudiger te maken en naar je publiek te brengen. En je krijgt direct feedback, gevraagd en ongevraagd via social media, zodat je kunt meten wat wel en niet werkt. Goudeerlijk.'

Ber zag het voor zich. Hij zou een eerste versie van zijn TGIM-platform bouwen en deze verbeteren met continue updates. Vanaf het begin vol aan de bak om mensen naar het platform te halen, dat kon direct van start.

'Ik adviseer je er graag bij, Ber, dat vind ik alleen maar leuk', zei Cor. 'Het is mooi dat je je nek uitsteekt. Je onderwerp is niet per se mijn ding, maar ik houd van ondernemers en mensen die risico's durven nemen. Dat jij wat kan neerzetten, heb je natuurlijk wel bewezen. Dat realiseer ik me maandelijks als ik je provisie overmaak. Dat was echt slim van je.'

'Dankjewel, Cor, ik kan van jou veel leren.'

'Begin met een goede branding. Zorg dat het helder is waar je voor staat, wat je je publiek biedt, je look-and-feel en tone of voice. Dat is de basis. Daar moet je echt even de tijd voor nemen.' Ber realiseerde zich dat Cor gelijk had. Een helder profiel en merk is de basis. 'Ik heb een vriendin,' zei Cor, 'die doet daarin. Sessies in brand definition, brand promise, de benefits voor de followers, enzovoort. Belangrijke zaken. Dat kost je wel wat, maar dat is een zinnige investering. Ik zal haar vragen een vriendenprijsje te rekenen.'

Dat advies volgde Ber op en nog geen week later zou de brandingsessie plaatsvinden. 'Dan heb je een paar dagen om je team op orde te hebben', had Marije over de telefoon gezegd, de brandingvriendin van Cor die de sessie zou verzorgen.

Bers lichte paniek maakte snel plaats voor vertrouwen. 'Laat ik mijn intuïtie maar volgen, dan komt dat team wel goed', zei hij tegen zichzelf. Hij maakte er een sport van om zo veel mogelijk zijn eigen methode te volgen: mogelijkheden, intuïtie, actie. Het was een spel voor hem.

Diezelfde middag liep hij Dick van het uitzendbureau tegen het lijf. Na hun professionele samenwerking hadden ze mondjesmaat contact gehouden, ze hadden een klik samen. Door zijn Spaanse avontuur was het echter een beetje verwaterd geraakt. Ber had hem al twee jaar niet meer gezien, tot hij hem in een koffiebarretje zag zitten, weggedoken achter een latte en een laptop.

'Betrapt', liet Ber hem schrikken.

'Hee, Ber!' reageerde Dick verrast, 'Wat brengt jou hier?' Zijn ogen glommen. 'Ben je met je TGIM-project bezig? Ik wilde al op je mail gaan reageren.'

Ber realiseerde zich dat Dick zijn mailoproep had gekregen en vertelde kort zijn avonturen van de laatste twee jaar.

'En jij, hoe ga jij?', vroeg Ber, 'Nog steeds aan het uitzenden?'

Dick keek hem veelbetekenend aan.

'Nee man, dat heb ik gelukkig achter me gelaten.'

Hij liet een stilte vallen, waarin Ber verder kon vragen.

'Vertel, hoe ben je gevaren? Wat doe je?'

'Ik had het gehad met die uitzendwereld', stak Dick van wal. 'Het is eigenlijk niet echt mijn business.'

'Vertel!', moedigde Ber hem aan.

'Weet je, het gaat natuurlijk maar om één ding. Er moeten vacatures gevuld worden. Linksom of rechtsom. En dat ging me goed af. Maar ik wil mensen echt aan hun droombaan helpen, dat realiseerde ik me later.'

Ber moest denken aan hoe hij door Dick in allerlei banen was geduwd. Wat hij echt wilde, was voor Dick destijds niet echt belangrijk, zo leek het.

'Ik was jong en onbezonnen en wilde scoren', ging Dick verder. 'Zo veel mogelijk mensen uitzenden, daar ging het me om. Waar dan ook. Je zult het wel gemerkt hebben. Het was mijn uitdaging om jou gewoon zo snel mogelijk ergens te plaatsen, daar werd ik op afgerekend. Tijd voor een gesprek nam ik destijds nauwelijks. Laat staan om echt stil te staan bij wat jij wilde. Maar daar lag wel mijn echte interesse! Daar wil ik mee bezig zijn, met mensen echt helpen aan hun droombaan.'

Ber observeerde zijn gesprekspartner. Hij was duidelijk wat ouder geworden. Wat wijzer ook. Hij zag dat Dick meende wat hij zei. 'Werk is daar toch te belangrijk voor, Ber?' Hij zocht bevestiging bij Ber en leek zich erover op te winden. 'Je besteedt meer tijd op je werk dan thuis, met je partner, met je vrienden. Je brengt meer tijd op je werk door dan met je kinderen. Dan moet je toch niet zomaar wat doen? Daar is werk dan toch veel te belangrijk voor?'

Ber zag dat Dick was veranderd. Het vuur waarmee hij zijn pleidooi hield, maakte duidelijk dat het hem menens was. Er was een diepere laag bij hem aangeboord, zo leek het.

'En nu, Dick?', vroeg Ber. 'Wat doe je nu? Waar werk je?'

'Ik ben de coaching in gegaan. Een jaar gewerkt als loopbaancoach en trainer, in loondienst. Dat doe ik nu als zelfstandige', zei Dick. Hij wees naar zijn laptop, waar hij op LinkedIn zat. 'Ik heb een aantal online dingetjes opgezet op het gebied van coaching en ik ben me aan het oriënteren op een klus ernaast.'

Ber voelde zijn intuïtie. Dit was te toevallig. Het universum had hier de hand in, dat was duidelijk. Ber kon niet anders dan in actie komen. 'Ik heb wat voor je, Dick. Wil je me helpen bij mijn TGIM-project dat ik aan het opstarten ben?'

Dick was precies wie Ber nodig had. Hij had dezelfde inhoudelijke passie voor het project, maar aanvullende kwaliteiten en netwerkcontacten. Dick was in staat om creatief te denken en te doen en hij stimuleerde Ber in zijn ideeën en inzichten. Samen kregen ze vleugels en het ene na het andere briljante plan werd geboren.

'Waarom benaderen we de spoorwegen niet, om iets in de treinen te doen op maandag!', vloog Dick. 'En natuurlijk televisie en radio!'

'We gaan volledig internationaal, Dick, vanaf het begin', zei Ber. 'Alles volledig Engelstalig.'

'Ik heb een paar jaar in Amerika gewoond toen ik jong was, daar heb ik op highschool gezeten. Near native English dus', antwoordde Dick op Bers vraag naar zijn beheersing van het Engels.

'En we kunnen zo veel doen online. Er is zo veel mogelijk. Met user-generated content, een forum, meetups online en offline! Let's do this, Ber. Geweldig!'

'Goed idee, Dick. Kun je volgende week maandag aanhaken bij een brandingsessie? Van daaruit gaan we aan de slag met de eerste fase, voor drie maanden.'

Ber wilde een klein start-upteam van drie mensen voor de brandingsessie. Van daaruit zouden de eerste stappen gezet kunnen worden en meer mensen betrokken kunnen worden, zoals iemand voor design en techniek die laagdrempelig online communicatie kon maken en de wereld insturen. En een communitymanager, die de stem zou worden achter het platform.

'Een goed team vult elkaar aan', dacht Ber. Hij dacht terug aan de teamsessie die hij met het outboundteam in Barcelona had georganiseerd. Niet allemaal dezelfde soort mensen, maar met aanvullende kwaliteiten. 'Ik moet dus op zoek naar iemand die anders is dan ik en anders dan Dick. Wat hebben we nou het meeste nodig?'

Om effectief te zijn, moest je natuurlijk weten waar je kwaliteiten liggen. Maar net zo nuttig was het om te weten wat je niet kon. Wat je valkuilen en blinde vlekken waren. 'Structuur en organisatie,' bedacht Ber, 'daar kan ik hulp bij gebruiken. Ben benieuwd hoe die hulp zich aandient.'

Of je het nou de wet van de aantrekkingskracht noemt, de magie van synchroniciteit of het geluk van dom toeval, steeds dienden zich in Bers leven precies de juiste omstandigheden en personen aan, als hij zijn intuïtie volgde om in actie te komen. Het was voor Ber dan ook de gewoonste zaak van de wereld dat het universum hem ook nu te hulp schoot.

'Dit is Tessa,' stelde Maria de onbekende dame in hun woonkamer voor, 'onze nieuwe buurvrouw.' Tessa was net ontslagen als redactiecoördinator bij een tijdschrift dat ter ziele was gegaan. Ze leek er niet onder te lijden. 'Nu ze me daar losgelaten hebben,' vertelde ze, 'openen zich de deuren naar een nieuwe wereld. Alles verplaatst zich steeds meer naar online.'

Mooi gezegd, dacht Ber, losgelaten. Hij luisterde gefascineerd naar zijn nieuwe buurvrouw.

'Ik wil meer met persoonlijke ontwikkeling gaan doen', ging ze verder. 'Mensen helpen naar hun volle potentieel te leven.'

Ber twijfelde geen moment meer en glimlachte naar het universum.

'Ik ben bezig met een nieuwe beweging, Thank God It's Monday. Wij willen mensen weer meer plezier in hun werk laten ervaren. In jouw achtergrond en interesse zitten zo veel haakjes met het managen van de internationale community die wij gaan creëren op www.tg.im. Wil je daar meer over horen?'

Het was een match made in heaven. Het TGIM-start-upteam was compleet.

★

Marije was een typische reclamedame. Halverwege de dertig, schatte Ber. Hip gekleed, hoge hakken en een uitdagend jurkje. Ongebonden waarschijnlijk, en ook aan belangstelling waarschijnlijk geen gebrek. Niet te missen. Haar innemende lach straalde zowel zelfvertrouwen als toegankelijkheid uit.

'Leuk om jullie te mogen bijstaan', begon ze. 'Cor heeft me verteld over jullie ambitie en ideeën. Ik ben onder de indruk van de missie. Een belangrijk onderwerp en fantastisch dat jullie hier een verschil mee gaan maken.' Dick en Tessa glommen, blij om erbij te zijn.

'De methode die ik gebruik om de fundamenten van het merk te ver-her-ontdekken is het merkinterview', begon Marije. 'We interviewen het merk alsof het een persoon is. Alle vragen moeten dus ook beantwoord worden alsof het merk tegen ons aan het praten is: in de ik-vorm dus.' Ber was blij met de professionele aanpak. Verrassend ook om deze vorm te kiezen. Waar personal branding uitging van een persoon als merk, keerde Marije het om: het merk als persoon!

'De eerste vraag die het merk beantwoordt is: Waar kom ik vandaan?' stak Marije van wal. 'Dat is een belangrijke startvraag. Subvragen zijn: Welke momenten hebben mij gevormd? Wat in mijn geschiedenis maakt mij uniek?'

Ber dacht terug aan de jaren die achter hem lagen. Wat waren de momenten die hem hiertoe hadden aangezet? Hij zag de ontevreden uitstraling van zijn collega's in de diverse bedrijven voor zich. De onwil en weerstand van collega's was vaak voelbaar geweest, in de zware sfeer die er op de werkplek hing. Het meest stuitend en vormend voor Ber was het besef geweest dat veel mensen niet anders konden. De onmacht om hun situatie te verbeteren had vaak te maken met het feit dat de meeste mensen niet wisten welke mogelijkheden ze hadden. Ook kenden ze de eenvoudige formule om je werk leuker te maken of je droombaan te realiseren niet. Dat besef was voor hem bepalend geweest om te komen waar hij nu was, aan het begin van de TGIM-beweging.

Marije had een hele reeks scherpe vragen geformuleerd die ze stelde aan 'het merk TGIM', zoals: 'Waar gaat je wereld naartoe, TGIM? Wat doe je? Wat maakt je uniek?'
Intuïtief gaf Ber antwoord: 'TGIM is uniek omdat het er nog niet is, maar vooral omdat we het groter, leuker en spannender gaan maken dan alle andere initiatieven in coaching en loopbaantrajecten.'
Dick vulde hem aan: 'Wij maken de combinatie tussen werk en persoonlijke ontwikkeling cool, omdat wij vinden dat dat het is. Met simpele gratis tools, waarmee mensen zelf aan de slag kunnen om hun werksituatie te verbeteren, stap voor stap.' Allen knikten instemmend.

De sessie was inspirerend en verhelderend, ook voor Ber. Het werd duidelijk wat ze wel wilden en wat per se niet. Het eindresultaat van de sessie was een prachtig 'brand manifest' dat het vertrekpunt zou zijn voor alle acties. Op grote A3-vellen hing het aan de wand:

Werk kan geweldig zijn en dat zou het ook moeten zijn, voor iedereen.

Werk is, na liefde, het mooiste wat je als mens te bieden hebt. Geweldig werk betekent voor iedereen wat anders, want iedereen is uniek.
Hoe leuk je werk is, bepaalt hoe leuk jij bent. Als collega, als vriend, als partner, als ouder. Het bepaalt ook hoe leuk je voor jezelf bent. Er zijn weinig dingen belangrijker voor je levensgeluk dan het hebben van geweldig werk.
Geweldig werk creëren kun je gewoon zelf, zonder coach of loopbaanadviseur, stap voor stap.
Geloof in de mogelijkheden, luister naar je intuïtie en kom in actie!
Wij geven je de simpele stappen, houden je geïnspireerd en leggen contact voor je met je TGIM-buddy's.
Je bent namelijk niet alleen.
Als we het samen doen, is het leuker en groeien we exponentieel.
Laten we de magie creëren in werk, die ook voor jou mogelijk is.

Met een glas champagne in de hand lazen ze ieder voor zich de tekst zachtjes voor.
'Let's do this', doorbrak Ber de zwijgzaamheid. 'Thank God It's Monday!'
Glunderend dronken ze hun glazen leeg.

Vanaf de brandingsessie was het hek van de dam. Dankzij het manifest was precies duidelijk wat er moest gebeuren en in welke richting ideeën moesten worden bedacht. Zo veel mogelijk mensen bereiken en hun de simpele stappen naar leuk werk tonen: mogelijkheden, intuïtie, actie.

Ber had een datum geprikt voor een grootse en meeslepende lancering. Drie weken na de brandingsessie, op maandag 1 september om klokslag 12 uur, moest de wereld het weten. Het was tijd voor massale actie!

'Ik heb een pand voor ons!' Dicks stem klonk opgewonden door de telefoon van Ber. 'Het is precies wat we nodig hebben. Het kost bijna niets en we kunnen er meteen in.' Het pand aan de gracht, waar de TGIM-beweging tijdelijk in terecht kon, was hen op het lijf geschreven. Een grote creatieruimte om te brainstormen, te vergaderen en te ontmoeten. Een kleine pantry met een koffiezetapparaat, vijf bureaus en een razendsnelle internetverbinding.

De muren van de creatieruimte vulden zich snel met ideeën die allemaal om voorrang leken te strijden. Om orde te scheppen, bracht Ber een tweedeling aan. 'Laten we de linkerkant van de ruimte gebruiken voor de ideeën voor content van de website.' De wand vulde zich met droombaanverhalen, zelfinzichttests, creatieoefeningen, inspirerende films, geweldige praktijkcases, blogs, wetenschappelijke artikelen, webinars, apps, spellen, tools. Ook hing er een uitgebreide lijst met mogelijke onderdelen van de site: de wekelijkse nieuwsbrief uiteraard, maar ook een webshop met boeken, goodies, gadgets. Een profielendeel, een forum, brandende vragen, een vraagbaak, de mogelijkheid te posten, ervaringen uit te wisselen, elkaar fysiek te ontmoeten. 'Onze belangrijkste uitdaging wordt het kiezen welke ideeën als eerste vleugels moeten krijgen', concludeerde Tessa. 'Waar de community het meest bij gebaat is en wat eenvoudig uit-voerbaar is, moet eerst.'

Aan de rechterkant hingen de ingevingen voor de marketing van de beweging. Van eenvoudige tot krank-zinnige manieren om mensen op TGIM te wijzen en hen naar www.tg.im te krijgen. Ook hier was het aantal ideeën schier oneindig en was het lastig kiezen wat als eerste zou worden uitgevoerd. Guerilla-acties. Flashmobs. Fysieke ontmoetingen. Advertenties. Googlecampagnes. Ambassadeurs. Het was duidelijk dat ze een sneeuwbal aan het rollen moesten zien te krijgen. Mensen moes-ten elkaar op de site wijzen, waar een onweerstaanbaar aanbod om je in te schrijven zou zorgen voor de aanmel-dingen.

'Welke celebrities kennen we?' vroeg Ber zijn collega's. Het bleef stil. 'Wat als we erin slagen om filmpjes of foto's te maken van bekende mensen, in een beroep dat overduidelijk niet bij hen past?' Tessa en Dick keken Ber niet-begrijpend aan. 'Met een krachtige TGIM-pay-off', ging Ber verder.

'Lady Gaga als onhandige caissière. Richard Branson als verstrooide boekhouder. Lionel Messi als chagrijnige buschauffeur. Dat soort mensen. En dan als eindbood-schap: Get the right job. Thank God It's Monday: www. tg.im.'

'Dat gaat gegarandeerd de hele wereld over', zei Tessa. 'Dat kan niet anders dan viraal gaan.'

'Hoe gaan we dat regelen?' vroeg Dick.

'Vandaar mijn vraag,' antwoordde Ber, 'welke celebri-ties kennen we?'

'Mijn neef heeft contact met Robin van Persie. Is dat ook goed?' zei Tessa.

'Perfect zelfs!' antwoordde Ber.

'Ik ken iemand die bij Branson op Necker Island is geweest!' riep Dick enthousiast. 'En mijn broer Bas heeft een bedrijf dat is gespecialiseerd in internetfilmpjes.'

Bers ingeving was geniaal geweest. Het plan voor de virale video's pakte briljant uit. Tessa's neef had een dusdanige directe link met Van Persie, de wereldberoemde voetballer van Manchester, dat hij zich liet filmen als straatveger. De wereldster was eerst op de rug gefilmd zodat hij onherkenbaar was. Vervolgens draaide hij zich om naar de camera met de woorden: 'Iedereen komt het best tot zijn recht als je doet waar je goed in bent. Ook jij!' Waarna hij zijn straatvegerspak uittrok en een aangespeelde bal op de borst aannam. Onder in beeld verscheen de tekst: 'Get the right job. Thank God It's Monday! www.tg.im.'

Het team van Ber kon de verleiding weerstaan om het zeer professioneel geschoten filmpje onmiddellijk op de website te zetten. 'We moeten er een aantal hebben,' had Ber gezegd, 'minimaal drie. Als er één schaap over de dam is, volgen er vanzelf meer. Daarmee kunnen we ook vet lanceren. We hebben nog twee weken.'

De theorie van de 'six degrees of separation' bleek ingewikkelder dan de praktijk. Met zijn drieën gingen ze op zoek naar andere celebrities. Als snel bleken ze toegang te hebben tot interessante mensen. 'We kunnen een intro krijgen bij Branson, via Virgin Unite', las Dick een ingekomen mail voor. 'Ik ga achter een zanger of zangeres aan', zei Ber, 'Ik ken iemand met een directe link naar Lionel Richie. Ik laat me introduceren.' Het Van Persie-filmpje bleek de perfecte ingang naar anderen. Zowel Richard Branson als Angelina Jolie vond het inspirerend en wilde meedoen. Samen met zijn broer realiseerde Dick het onmogelijke in twee weken: drie prachtige filmpjes. Eén met Richard Branson als verstrooide boekhouder, één met Angelina Jolie als automonteur en één met Lionel Richie als badmeester. De pay-off bleef: Get the right job. Thank God It's Monday! www.tg.im.

Intussen bouwde Tessa met Ber aan de content voor de website, die technisch door de Salesmagicians werd gerealiseerd. Ze besloten in de eerste versie slechts een klein aantal functionaliteiten op te nemen. Dat was later makkelijk uit te bouwen.

Op versie 1.0 stonden prominent de filmpjes, diverse verhalen van mensen die hun werk op bijzondere wijze hadden ingericht en een verzameling inspirerende films over werk, van andere bronnen op het internet. Ber vond het echter niet genoeg.

'We moeten de bezoeker ook echt iets bieden waar hij of zij iets mee kan,' fronste hij, 'wat iemand echt verder helpt. Ik ben op Ibiza zelf aan de slag geweest, om uit te vinden wat ik te bieden had en wat mijn volgende stap was', zei Ber tegen Tessa. 'De oefeningen die ik daar bedacht en gebruikte, kunnen we ook op de site aanbieden.' Ber werkte dag en nacht om zijn ideeën om te zetten in een programma waarmee mensen stap voor stap door hun eigen zelfonderzoek werden geholpen.

'Ik noem het de "TGIM Journey"', zei Ber. 'Het is gratis voor iedereen die zich aanmeldt. Een kant-en-klaar loopbaanprogramma dat je zelf kunt volgen, eventueel samen met andere TGIM-Travlrs, dat klinkt ook cool.' Hij liet de korte samenvatting van de twintig stappen zien.

'Voor elke stap heb ik online allerlei content staan, filmpjes om te bekijken, e-books om te downloaden, opdrachten om te doen en spellen om te spelen. Je bent er echt wel even zoet mee, ook omdat je van allerlei dingen moet delen met het TGIM-team en andere deelnemers. Maar dit is de korte samenvatting van de twintig stappen.'

TGIM JOURNEY

Stap 1   Introductie
Een filmpje over de reis, waarin ik mezelf en het TGIM-team voorstel en onze missie deel.

Stap 2   Wie ben je?
Stel jezelf eens uitgebreid voor met een mail naar het TGIM-team. Beschrijf uitgebreid je werkende leven en je huidige situatie. Beantwoord ook de volgende vragen:

* Wat houdt jou tegen?
* Waar ontbreekt het jou aan?
* Wat zijn jouw overtuigingen over werk?
* Wat is het effect van de crisis voor jou?
* Hoe denk je over jouw mogelijkheden?
* Is een droombaan voor jou wel weggelegd?

Stap 3   Mindset

Neem jij genoegen met het leven van een grijze muis?
Jij bent degene die die beslissing uiteindelijk neemt!
Neem je genoegen met minder dan je droombaan?
En zo niet, ben je bereid om te doen wat daarvoor
nodig is? Ben je bereid om met een open mind en een
nieuwsgierige geest op zoek te gaan naar de inzichten
die je nodig hebt?
Waar zou jij nog wel een verbetering kunnen voor-
stellen in je werkende leven?
Wat loop je mis als je niet in actie komt om deze ver-
betering na te streven?
Hoe ziet je leven eruit over vijf jaar, als je niet in actie
komt?
Hoeveel procent van je talenten gebruik je op dit
moment in je leven?
Heb je het idee dat je dingen in je hebt die er niet of
onvoldoende uitkomen?
Hoe zou je leven eruit kunnen zien over vijf jaar, als je
wel in actie komt?
Is er een brandend vuur dat niet de ruimte krijgt die
het verdient?
Stuur je antwoorden naar het TGIM-team.

Stap 4   Een magische wandeling

Stap je deur uit en maak een wandeling van minimaal een halfuur en ontdek de magische formule van
succes:

* Stel je open voor nieuwe mogelijkheden.
* Volg je intuïtie.
* En kom in actie.

Laat deze geheimzinnige techniek voor je werken, door simpelweg op stap te gaan en te ervaren wat er mogelijk is. Misschien wordt je aandacht ergens door getrokken, misschien spreek je iemand aan, wellicht stap je ergens naar binnen. Ga jezelf uit de weg, maak een magische wandeling en laat je verrassen door wat er mogelijk is. Stel je open voor een ervaring, een gebeurtenis, een inzicht of een ontmoeting die van waarde voor je zal zijn in het kader van je TGIM-reis! Deel je ervaring met het TGIM-team!

Stap 5   *Het geheim van je gedachten*
Of jij erin slaagt om je dromen werkelijkheid te maken en je droombaan te realiseren, hangt alleen af van de mate waarin je naar dat ondermijnende stemmetje in je hoofd luistert en of je wel of niet gelooft wat dat stemmetje jou vertelt.
Onderzoek je gedachten, met het 'Spel zonder grenzen'.

Stap 6   *Je hebt veel te verliezen/ranking your friends*
Als je werk niet leuk is, ben je zelf niet leuk.
Maak een lijst van tien personen die belangrijk voor je zijn en die een werkend leven hebben.
Onderzoek hoe tevreden zij zijn over hun werk, bijvoorbeeld met een cijfer tussen 1 en 10.
Bepaal vervolgens hoe leuk of inspirerend deze mensen zijn, in jouw ogen. Hoe graag ben je in hun gezelschap, welk plezier stralen ze uit en geven ze jou daardoor?
Ook dit kun je met een cijfer tussen 1 en 10 beoordelen.
Is er een verband tussen beide scores?

Stap 7   Stap in je stoutste droom

Zorg dat je in contact komt met iemand die je niet kent en stel jezelf aan die persoon voor. Dat voorstellen doe je echter alsof je de persoon bent die je in je stoutste droom zou willen zijn. En dat mag werkelijk van alles zijn! Je kunt jezelf voorstellen als popster, maar ook als bijvoorbeeld ondernemer, directeur, minister, putjesschepper, profsporter, danseres, kunstenaar, winkelier, vuilnisman, boswachter.

Spreek in de tegenwoordige tijd! Niet in de 'ik zou willen'-vorm, maar gewoon alsof het echt waar is. Geen voorbehouden of voorwaarden. Leef je uit! Doe gewoon eens gek, en stap in de stoute droom. Ga ervoor! Het TGIM-team hoort graag wat je ervaringen zijn en wat je ervan hebt geleerd.

Stap 8   Ontdek je talenten

Om zicht te krijgen op wat jouw 'gedragstalenten' zijn, bied ik je graag een gratis quickscan Talentenanalyse aan. Dit geeft een eenvoudige indruk van waar jouw gedragsvoorkeuren liggen. Stel daarna aan minimaal vijf vrienden, familieleden, collega's of goeie kennissen, face to face of telefonisch de volgende vraag:

Wil je mij, als opdracht in mijn TGIM Journey, vertellen wat volgens jou mijn grootste talent is?

Plaats op Twitter, Facebook of waar je wil online dezelfde vraag en verzamel de antwoorden.

Stap 9   Jouw topmoment

Denk terug aan een topmoment in jouw leven, binnen of buiten je werk, waarin je iets aan het doen was, wat helemaal perfect bij je paste. Waarin je volledig tot je recht kwam en het gevoel had dat alles stroomde.
Deel dit moment, met minimaal één iemand persoonlijk. Vertel uitgebreid aan deze persoon hoe dat moment eruitzag, wat er gebeurde en wat jij precies deed. Vraag de persoon om minimaal drie talenten uit je verhaal te destilleren.

Stap 10   Visualisatie van de toekomst

Alles wat nu bestaat in de wereld, is ooit eerst ontstaan in de verbeelding van iemand. Elke creatie ontstaat feitelijk twee keer, eerst in fantasie, als wens of als droom, en pas daarna in het echt. Het doorpakken van wens naar werkelijkheid is de cruciale stap die we gaan zetten.
Zoek een rustige plek, waar je even de tijd voor jezelf hebt, om een reis in de toekomst te maken. In bad? In bed? Op de bank?
Zorg dat je minimaal twintig minuten niet gestoord wordt! Als je dat hebt, start dan de ingesproken reis naar het jaar 2020.

Stap 11   Connect the dots

Ga eens door de oefeningen van de afgelopen dagen, waarbij je op verschillende manieren in de spiegel hebt gekeken. Verzamel alle bijzondere kenmerken, eigenschappen en talenten van jezelf. Schrijf ze op, maak er een lijst van. Deel de lijst met het TGIM-team.

Stap 12   Uit die computer!

Als je doet wat je altijd deed, krijg je wat je altijd kreeg. En volgens mij wil je wat anders.

Ik daag je daarom uit om met één iemand contact te leggen, in de lijn van de eerste inzichten tot nu toe. Iemand die doet wat jou ook heel leuk lijkt. Iemand die werkt in de sector die jou aanspreekt, maar waar je (nog) niet veel van afweet. Een persoon die je ziet als voorbeeld, omdat hij of zij de stappen heeft gezet waar jij aan denkt.

Bel die persoon op of stap erop af. Volg je intuïtie en zorg dat je van deze persoon wijzer wordt. Zorg ervoor dat hij of zij je iets vertelt of laat meemaken wat je inzicht in zijn of haar wereld vergroot.

Stap 13   De ideale functiebeschrijving

Stel je voor dat je opdrachtgever, werkgever, ondernemer zou zijn die op zoek is naar precies de persoon die jij bent. Exact met alle talenten, bijzonderheden en persoonlijke kenmerken die jij hebt.

Hoe zou de advertentie er dan uitzien, waarin je naar die persoon op zoek bent?

Hoe ziet de functiebeschrijving eruit van jouw ideale functie, waarin jij als persoon – precies met wat jij te bieden hebt – gevraagd wordt en gewild bent.

Maak die ideale functie- of werkbeschrijving.

Stap 14   Personal branding

Personal branding is een middel om jezelf te (her)ontdekken en uit te vinden wat het unieke cadeautje is dat jij aan de wereld te bieden hebt. En om dat op een zo slim en effectief mogelijke manier met de wereld te delen, zodat je dat cadeautje ook echt te gelde kunt maken in je werk, met een baan die past bij je talenten.

In het Personal Branding-webinar gaan we in op de theorie en praktijkvoorbeelden.

Een goede elevatorpitch over jezelf maakt nieuwsgierig en zorgt ervoor dat de geïnteresseerde ander meer over je wil weten. Het is een korte beschrijving van wie je bent, wat je doet en wat je daarmee te bieden hebt. De toehoorder wil als het goed is meer over je weten, op basis van de pitch.

Zorg ervoor dat je je pitch aan minstens vijf personen met aandacht, face to face vertelt! (meer mag ook natuurlijk). Experimenteer daarnaast ook eens met het delen via de sociale netwerken als LinkedIn, Twitter, Facebook, Google+. En met het TGIM-team natuurlijk!

Stap 15 Laat jezelf zien!

Het uitgangspunt van je personal branding is het resultaat van je zelfonderzoek.

Verzamel alle informatie die je over jezelf hebt tot nu toe.

Je elevator pitch geeft ook precies de zaken aan die het belangrijkst zijn.

Maak een nieuw cv, waar je blij van wordt. Download de tien tips voor een onweerstaanbaar cv.

Hoe kan jij dit toepassen op je Facebook- en LinkedIn-profiel, een blog, een website?

Bedenk drie manieren om jezelf op jouw unieke wijze te laten zien.

Stap 16 Maak een moodboard

Pak een groot vel, liefst formaat flipover. Verzamel minimaal twintig verschillende tijdschriften, allerlei soorten en maten. Zorg dat het materiaal lekker afwisselend en visueel is, dus niet te veel geschreven tekst in de tijdschriften die je kiest.

Blader door de tijdschriften en knip of scheur intuïtief zo veel mogelijk plaatjes uit die jou aanspreken. Denk er niet te veel over na, gewoon waar je oog op valt en wat je aanspreekt.

Maak vervolgens een mooie collage van de plaatjes. Gebruik weinig of geen tekst. Zorg dat je iets maakt waar je vrolijk van wordt, en waar je je bij thuis voelt. Wat leert dit over jouw stijl?

Stap 17 Nu begint het pas

De enige manier om jouw droombaan of ideale werkomstandigheden te realiseren, is om heel hard aan de slag te gaan. En daarvoor is de basis nu gelegd.

Een basis van zelfinzicht en richting.

Een basis van effectief omgaan met je gedachten.

Een basis van effectieve personal branding.

Een mooie basis om een week van actie te gaan plannen!

Maak een geschreven lijst van minimaal dertig acties die je de komende week kunt ondernemen, die je vooruit helpen richting je droombaan of ideale werkomstandigheden. Niet minder dan dertig, meer mag wel. Uitschrijven van de lijst is verplicht.

Stap 18   Organiseer je werk

Als je kritisch naar je tijdsbesteding kijkt, zul je zien dat je makkelijk een of twee uur per dag tijd vrij kunt maken. Bijvoorbeeld door vroeger op te staan, minder televisie te kijken of je afspraken korter in te plannen. Discipline is waarschijnlijk het meest onderschatte ingrediënt van succes. Alle succes is voortgekomen uit vastberaden doelgerichtheid, ook als het tegenzit. Stel je eigen disciplinerituelen op, op basis van je bioritme. Maak keuzes voor vitaliteit, door ook sporten en gezond eten in te plannen.

Creëer een fysieke werkplek waar je aan de slag kunt. Een eigen domein waar je je eigen spullen om je heen hebt, verhoogt je effectiviteit. Verdiep je in de principes van slimmer werken, waardoor je meer grip krijgt op je werkflow, je e-mail en je persoonlijke effectiviteit.

Stap 19   Mobiliseer hulp

Schakel de hulp in die er al om je heen is, in de vorm van je supportgroep, je medereizigers via de site en Facebook en de vrienden en kennissen om je heen. Hulp is dichterbij dan je denkt, als je er gewoon om vraagt.

Netwerken is een heel krachtige methode om meer voor elkaar te krijgen. Dat komt niet alleen neer op veel zelfvertrouwen en een krachtig verhaal (hoewel dat helpt natuurlijk), maar vooral op het begrijpen van je 'weak links' in je netwerk. Al jouw contacten hebben zelf ook weer contacten en via sociale media heb je daar heel makkelijk toegang toe. Zet je persoonlijke communicatie effectief in om je doelen te bereiken.

Stap 20 Een plan
Bijna aan het einde van deze TGIM Journey zul je jezelf moeten voorbereiden op het vervolg op jezelf. Daarvoor is het essentieel dat je contact maakt met je eigen mogelijkheden, die veel groter zijn dan je zelf denkt. Edison, de uitvinder van de gloeilamp en grondlegger van het bedrijf General Electric, zei ooit: 'Als wij doen waartoe wij in staat zijn, zouden we onszelf versteld doen staan!'
Doe vandaag iets waarmee je jezelf versteld doet staan. Buiten je comfortzone, out of your league, buiten je kunnen. Gewoon omdat het kan!
Maak een plan voor de komende maanden, waarbij je jezelf in actie houdt, met behulp van alle opdrachten uit de voorgaande stappen.

Goeie reis!

Ber was best trots op deze eerste versie van zijn online tool.

Het was het begin van het zelfhelponderdeel op de site. Met allerlei oefeningen kon je jezelf van alle kanten analyseren door te kijken naar je dromen, je jeugd, je passies, je eerdere ervaringen. Anderen vragen wat zij je grootste talenten vonden, kon eenvoudig met een simpele klik. Dat was meteen een manier waarmee mensen www.tg.im in hun eigen netwerk zouden verspreiden, wat marketingtechnisch natuurlijk handig was.

'Hebben we eigenlijk al een idee hoe we hier geld mee gaan verdienen,' vroeg Tessa, 'zodat we het echt gratis kunnen blijven doen?'

Ber schudde zijn hoofd. 'Dat is natuurlijk een heel relevante vraag, waar we ons nu nog niet te druk om gaan maken. Eerst lanceren en de bal aan het rollen krijgen.' Ber leek zich geen zorgen te maken over geld. 'Op naar de 1 miljoen inschrijvingen. Eerst massa, dan kassa.' Hij was gaan houden van korte mantra's als deze. 'Laten we na de lancering hierover gaan nadenken.'

Twee dagen voor de lancering zou de website af zijn, zo was hun toegezegd.

'Het zit wat tegen Ber.' Salesmagician Coen klonk gestrest aan de telefoon. 'We krijgen dat socialsharing-deel nog niet goed.' Ber realiseerde zich dat dat de ruggengraat van het platform was. Als mensen niet met elkaar zouden kunnen delen, zou het lang zo snel niet kunnen groeien.

'Hoeveel tijd heb je nodig, want dat is cruciaal', vroeg Ber.

'We doen ons best', antwoordde Coen niet helemaal overtuigend.

Het moment van lanceren naderde. De strategie was eenvoudig: een mailing om zo veel mogelijk mensen naar de site te lokken. Het filmpje van Robin van Persie stond op de homepage, voor iedereen te zien. Voor Richard Branson en Angelina Jolie moest je je e-mailadres achterlaten, daarna werd ook de rest van de site beschikbaar. Onder alle filmpjes en overige content stonden vele eenvoudige manieren om het te delen via allerlei sociale netwerken.

Ber had via een aantal bevriende relaties het aantal e-mailadressen voor de mailing flink weten uit te breiden. Cor stelde zijn adressenbestand ter beschikking; net als een zakenpartner van Cor die een internetmarketingbureau had en zijn bestand van 18.000 adressen beschikbaar stelde. Via via was er nog eens een bestand van 22.000 werkzoekenden beschikbaar. Ook Dick had een aantal relaties in het werving-en-selectiewereldje bereid gevonden hun adressen te delen. Met twee verschillende pre-launchmailings werd het moment waarop de site echt gelanceerd zou worden alvast gehyped.

Op Twitter had Tessa contact gelegd met een grote groep influentials, die samen zo'n 400.000 directe volgers hadden. Met haar charme had zij hen overtuigd om de link naar de mailing te retweeten, op de dag van de lancering.

Op de website werd Google Analytics geïnstalleerd, zodat ze precies zouden kunnen zien hoeveel bezoek er was en waar de bezoekers vandaan kwamen. De verwachtingen waren hooggespannen. Nu alleen de website nog werkend krijgen, want dat leek op de avond voor de lancering nog niet te lukken. 'Er zit een fout in de code die we niet kunnen ontdekken', zei Coen. 'Ik vrees dat we morgen zonder social sharing moeten starten.'

'Uitgesloten!' zei Ber vastberaden, wetend dat social share op het lanceermoment cruciaal was. Dit was het moment van de waarheid waarop de grootste hefboom moest worden gecreëerd. 'Wat is er nodig om het te fixen?' vroeg hij Coen.

'Dan moeten we er wat handjes bij zetten en de nacht doorhalen,' zei Coen, 'maar die jongens zitten er al behoorlijk doorheen.'

'Het moet', zei Ber. 'Wat kunnen we doen om hun weer een energieboost te geven?'

'Ik heb twee vriendinnen,' viel Tessa bij, 'die hebben een massagesalon. Kunnen we die niet inhuren om bij die jongens langs te gaan? Een korte massage doet wonderen. En het zijn prachtige meiden.'

'Wat een goed idee', zei Ber. 'Dick, kunnen we dat filmen? Zetten we een "the making of" op de site.'

Toen Ber om 2 uur 's nachts bij Maria in bed kroop, was er nog geen licht aan het eind van de tunnel. Hij had moeite om de slaap te vatten en stond na een paar uur licht dommelen alweer op. Slaperig meldde hij zich om 5.50 uur bij de techneuten, die inmiddels het lek boven water hadden. 'Het gaat lukken, Ber', verzekerden ze hem.

Op maandagochtend werkte alles optimaal. Het was inmiddels iets minder dan anderhalf uur voor het lanceermoment om 12 uur.

De laatste mailing over de websitelancering was nauwkeurig opgesteld volgens de wetten van internetmarketing, zoals Ber in zijn opleidingen had geleerd. Een persoonlijke aanhef, een korte teasertekst in vragende vorm, een duidelijk voordeel voor de lezer en drie plekken om door te klikken naar de website.

Met een glas champagne stond de hele club rondom de centrale computer. Ber, Tessa en Dick. Broer Bas met collega Annelies, de cameravrouw. Coen, Adriaan, Melissa en Duncan van het websitebouwteam. De massage-vriendinnen Marin en Therese. Ook Cor was gekomen en natuurlijk Maria.

'Oké, send!' riep Ber om precies 12 uur geheel overbodig naar de computer, die de mailing automatisch zou verzenden.

'Cheers mensen, Thank God It's Monday!'

Het ging als een raket.

In de eerste dagen waren er al 15.000 mensen die zich hadden aangemeld voor de wekelijkse TGIM-boost, zoals de nieuwsbrief zou gaan heten. Ook de 'TGIM Journey' van Ber vond gretig aftrek. Na een week waren er ruim 23.000 aanmeldingen, van overal ter wereld! De verhalen die via de mail binnenkwamen, als reactie op de opdrachten, waren zowel hartverwarmend als onthutsend. Het was duidelijk dat TGIM een snaar raakte die wereldwijd gevoeld werd. Werkonvrede en de onmacht om daar uit te breken bleken een pijn te zijn die vele wereldburgers met elkaar deelden. De hulp die het TGIM-platform bood, werd alom gewaardeerd.

Wat niemand had verwacht, was dat er bij de eerste hausse van aanmeldingen ook concrete hulpaanbiedingen binnenkwamen. Veel mensen waren enthousiast over het initiatief en boden vrijwillig hun hulp aan bij het vergroten van de naamsbekendheid en het verzamelen van interessante artikelen, content en inspirerende quotes. Een dame in Londen wilde graag meedoen, twee jonge ondernemers in New York meldden zich, een oudere man uit Vancouver. Er vormde zich een mooi virtueel team, dat via Google Hangouts met elkaar communiceerde. Ber had een groot scherm aan de wand gehangen, waardoor ze virtueel in het epicentrum van TGIM aanwezig waren. Er hing een opgewonden vibe.

Nu kwam het erop aan, realiseerde Ber zich. 'We moeten nu doorpakken, om zo veel mogelijk mensen te bereiken en met nog betere faciliteiten op de website die de bestaande gebruikers ondersteunen en ze nog meer tot ambassadeurs maken!' Uit diverse online brainstorms met het team kwamen een aantal goed realiseerbare ideeën voor content en marketing.

Er werd besloten om wekelijkse TGIM-webinars te gaan aanbieden op de maandagochtenden, met Ber als host. Een lijst van mogelijke onderwerpen voor de eerste weken werd opgesteld. 'Profileren, reorganisatie, promotie, je baas, zelfstandig ondernemen, zelf je baan bedenken', somde Tessa op. 'Solliciteren, een onweerstaanbaar cv, werken met intermediairs', vulde Dick aan. De lijst werd lang genoeg voor de eerste twaalf weken.

'We moeten de mensen die zich aangemeld hebben er zo veel mogelijk bij betrekken. Wat leeft er bij de deelnemers, waarmee kunnen we ze het beste helpen?' vond Ber. 'Er moet een mogelijkheid komen om vragen te kunnen stellen. Zo komen er vast nog veel meer ideeën van de deelnemers. We kunnen niet alles zelf bedenken.' Daarmee zette hij de toon voor een levendige user-generated community.

'We kunnen een app laten maken', riepen de New Yorkse TGIM'ers opgewonden. 'Vrienden van ons zijn daar kampioenen in!' Het idee voor een app waarmee je je eigen talenten in kaart kon brengen, was snel geboren. 'En de resultaten krijg je als je je e-mailadres achterlaat', zei Ber, met oog voor het opbouwen van de miljoen deelnemers.

'No problem', klonk het vanaf de andere kant van de oceaan.

Uit de vele mailtjes van deelnemers aan de Quest for TGIM, die dagelijks in de inbox stroomden, kwam duidelijk de behoefte naar voren om onderling met elkaar in contact te komen. Iets waar Ber al eerder over had nagedacht, kwam nu duidelijk als behoefte naar voren. Het offline elkaar ontmoeten was een duidelijke wens. Communitymanager Tessa had haar handen vol om mensen aan elkaar te koppelen. Gelukkig kreeg ze er hulp bij van Sally in Londen, maar het zou al snel te veel gaan worden.

'Dat moet handiger kunnen,' bracht ze in de hangout in, 'zeker als het zo hard blijft groeien, dan houd ik het niet meer bij.'

'Laat mensen zichzelf op een wereldkaart zetten', opperde de Spaanse Angela, die zich ook vrijwillig had aangesloten. 'Dat kunnen mensen prima zelf doen, wel zo praktisch.'

'Briljant!' reageerde Ber, 'laten we ze dan ook direct een handleiding geven om met elkaar de wekelijks optimale voortgang te bereiken. We geven ze de sleutels naar succes. De simpele stappen mogelijkheden, intuïtie, actie!' zei Ber, terwijl hij zijn computer openklapte en in gedachten verzonk.

Angela's idee werd uitgewerkt tot de TGIM-buddykaart. Overal ter wereld konden deelnemers zichzelf kenbaar maken en in een lokale koffiebar een TGIM MasterMind Meeting organiseren, waar anderen zich bij konden aansluiten. Ber had zijn ontdekte formule doorvertaald naar een magisch eenvoudig TGIM-draaiboekje. In MasterMinds van maximaal zes deelnemers doorliep je steeds vier stappen, voor elke persoon in de groep. De MindMaster coördineerde en hield in de gaten hoelang elk van de vier stappen met de letters T.G.I.M. duurde:

1 Tell *(maximaal twee minuten)*. Spreker beschrijft:
   * de situatie waarin hij of zij verkeert (sinds de laatste MasterMind Meeting);
   * wat gaat er goed en wat kan er beter?;
   * wat is de ultieme, gedroomde uitkomst?
2 Gossip *(maximaal twee minuten)*: de groep brainstormt op mogelijkheden vanuit de beschreven situatie en wens, in een roddelsfeer (de spreker mag het alleen aanhoren, niet reageren).
3 Intuition *(maximaal één minuut)*: ieder groepslid geeft intuïtief het beste advies voor actie.

Short break (één minuut)

4 Massive action *(maximaal twee minuten)*: de spreker verbindt zich aan minimaal één actie en aan een manier om hem eraan te houden.

De hele groep moedigt deze actie aan met applaus *(minimaal tien seconden!)*

Het feit dat er wereldwijd MasterMind Meetings werden georganiseerd, gaf het team een diepe voldoening. Het had een magisch effect om het aantal aanmeldingen op de online kaart te zien groeien. Het aantal MasterMind Meetings dat – meestal op maandagochtend – waar ook ter wereld plaatsvond, groeide binnen een maand na de lancering al snel boven de honderd. Starbucks leek een geliefde plek voor de sessies. 'Dat is toch superbijzonder, jongens.' Dick straalde van trots. 'Dat hebben wij geïnitieerd en daar hebben mensen nu echt wat aan.' De energie in de ruimte was zelfs via de hangout voelbaar.

Bill uit Seattle had zich ook als vrijwilliger aangesloten. Een frisse dertiger, met een aanstekelijk enthousiasme in zijn stem. Hij werkte bij het hoofdkantoor van een groot bedrijf, waar hij wat geheimzinnig over deed. 'Jullie doen een geweldige job, mensen, super om met jullie mee te mogen denken', ratelde hij. 'Hier in Seattle zijn we al met drie MasterMinds, we hebben al vijf TGIM MasterMind Meetings in de Starbucks gehad. Geweldig!'
　　Bills intenties waren nog niet echt duidelijk. Hij leek helemaal happy met zijn werk, maar wilde er niet over uitweiden. Handig ontweek hij vragen over zijn werkgever.
　　Tessa vertrouwde het niet en besloot hem te googelen. 'Hij werkt bij Starbucks', ontdekte ze. 'Senior Vice President Strategic Partnership Development. Zou dat het zijn?'
　　'Dat méén je niet!' zei Ber. 'Ik ga direct contact met hem opnemen. Starbucks zou een gedroomde partner zijn!'

'Ik wist dat jullie het snel door zouden hebben', zei Bill. 'Beetje flauw van me, eigenlijk. Maar ik wilde weten wat voor vlees ik in de kuip had.'

Ber kon er de lol van inzien. Hij begreep het wel. 'Met jouw profiel is het lastig incognito te blijven, Bill!' lachte Ber.

'Klaarblijkelijk', zei Bill. 'Maar laten we kijken of we elkaar kunnen versterken. De maandag is voor Starbucks wereldwijd een lastige dag. We doen daar al allerlei acties op. We zouden de TGIM MasterMind Meetings graag massaal naar binnen halen. We kunnen jullie helpen het sneller te verspreiden.'

'Wow!' zei Ber, 'dat is inderdaad een perfecte match, we vullen elkaar volledig aan. Laten we de details bespreken!'

De samenwerking met Starbucks gaf de beweging echt vleugels. Ze lanceerden een speciale TGIM-'koffie op maandagmorgen', geschonken in een kartonnen beker met de tekst:

Work should be great.
Don't settle for less.
Thank God It's Monday!
www.tg.im

De TGIM-koffie vond gretig aftrek bij de reguliere gasten, maar was ook een reden voor veel MasterMinds om in Starbucks af te spreken. De pilot die Starbucks in drie Amerikaanse staten hield, was een succes. In bijna elk filiaal dat meedeed, vonden op maandag TGIM MasterMind Meetings plaats. De pilot werd wereldwijd uitgebreid.

De aanmeldingen op de site van TGIM gingen door het dak. Het virale effect leek zijn werking te hebben, want de groei nam per dag toe. Binnen acht weken na de lancering werd de grens van 100.000 aanmeldingen gehaald.

Dat de grote traffic op de website ook hogere eisen aan de techniek stelde, was te verwachten. Met de jongens van Salesmagician.com maakte Ber een plan. 'Een VPS met back-up, dat is het minste wat je moet hebben', legde Coen gedecideerd uit. 'Het liefst huur je een aantal volledige servers, met een schaduwcapaciteit op de achtergrond, voor als er iets misgaat. Maar dan heb je wel serieuze kosten.'

Ber realiseerde zich dat de eerste fase van TGIM voorbij was. Het was tijd om over de toekomst te gaan nadenken, inclusief businessmodel gericht op het duurzaam voortbestaan van de beweging. Hij wilde dolgraag dat hij het kernteam kon blijven betalen, zodat ze zich echt fulltime op de beweging konden blijven richten, zonder elders een baan te hoeven hebben. Ook wilde hij blijven kunnen investeren in de ontwikkeling van nieuwe features en de marketing. De kosten zouden nu snel gaan oplopen.

'We verkopen steeds meer TGIM-gadgets via de site', vertelde Dick. 'Dat is inmiddels een klein inkomstenbronnetje.' Via een verzendhuis konden boeken, inspiratiestickers, spreukmagneten, MasterMind-notitieblokjes en TGIM-pennen worden afgenomen. En vanaf volgende week zouden ook T-shirts met het TGIM-logo in allerlei kleuren en maten op de site te krijgen zijn.

De shop leverde echter kleine marges en aantallen op en zou nooit genoeg zijn om alle kosten te dragen. Het was tijd om groter te denken.

'Bill, we willen TGIM-goodies verkopen in jullie outlets.' Ber trok de stoute schoenen aan. 'We hebben een heel coole koffiemok ontwikkeld', blufte hij. 'Laten we de marge verdelen.' Hij wist dat hij zich op glad ijs begaf. De relatie met Bill was goed, maar hij liep het risico dat hij overvroeg. Maar wie niet waagt, die niet wint, dacht Ber. 'Jij durft, Ber', antwoordde Bill. 'Onze outlets zijn heilige grond voor onze commerciële activiteiten. Daar delen we met bijna niemand in.' Ber hoorde vooral het woord 'bijna' in Bills antwoord. In een van zijn salescursussen was hij getraind om tussen de regels door te luisteren. Wat terzijde is, is vaak ter zake. Het moest dus kunnen. 'Zie het als een soort sponsoring, Bill. We willen gewoon zo veel mogelijk mensen bereiken en daarvoor zullen we geld moeten verdienen.' 'Je weet het mooi te brengen, Ber, maar dat had ik al gemerkt. Je kunt tien procent krijgen van de winst', klonk het gedecideerd, 'en dat gaat niemand van jou horen.' Het was duidelijk dat Bill geen tegenspraak gewend was in zijn positie. 'Als je er twintig van maakt, hoort niemand wat van mij', liet Ber zich niet uit het veld slaan. Gespeeld getergd maar wel geamuseerd sloot Bill de deal uiteindelijk op veertien procent.

De deelnemers van het platform kwamen met het ene na het andere briljante idee voor de site. Het was kiezen wat voorrang kreeg, waarbij ook het budget een rol speelde. Zo werd de zoektocht naar een positieve variant van de Dilbertstrip direct opgezet, omdat de kosten daarvoor eigenlijk nihil waren. Ook het delen van nieuwe, door deelnemers bedachte rituelen voor de TGIM-sessies op maandag kon gewoon op de site gebeuren.

Het bijhouden van de sectie waar bijzondere verhalen van carrièreswitches en -doorbraken werden gedeeld, had echter steeds meer redactie nodig. Tessa kreeg weliswaar ondersteuning van een groepje vrijwilligers uit diverse landen, maar Bers ongeduld nam alleen maar toe. Er waren zo veel ideeën die steengoed waren, maar door gebrek aan budget niet konden worden uitgevoerd. Het zou verrijkend zijn als deelnemers hun persoonlijke profielen op de site konden zetten, met een zoekmogelijkheid op functie en dromen. Dat zou de match beter maken, dacht Ber.

Er waren plannen voor een interviewserie met inspirerende rolmodellen, live bijeenkomsten met bijzondere sprekers en een streaming video-verslag daarvan op de site, ze konden niet wachten om daarmee aan de slag te gaan. Ber wilde doorpakken en de middelen hebben om steeds verder en sneller te professionaliseren.

Ondertussen meldden zich ook steeds meer coaches onder de deelnemers. Steeds meer van hen wilden gerichter hulp aanbieden, voor wie meer hulp nodig had dan alleen van de TGIM-buddy's. 'Kunnen we daar niet iets professionelers mee doen?' vroeg Ber in de teammeeting. 'Het is waardevol voor coaches om toegang tot de deelnemers te hebben, daar hebben ze wellicht iets voor over.' Een nieuw onderdeel van het totale businessmodel was geboren.

Een idee dat al langer in Bers hoofd ronddoolde, was een betaald lidmaatschap van de community. 'Voor een deel van het publiek kan het aantrekkelijk zijn om een kleine premium fee te betalen, in ruil voor meer privileges', zo deelde Ber zijn eerdere internetmarketingervaringen met zijn TGIM-maatjes.

'We zouden toch gratis zijn?' reageerde Tessa geschrokken. Ze keek alsof ze door een slang was gebeten.

'Natuurlijk mag iedereen die wil gratis blijven deelnemen, altijd. We willen zo veel mogelijk mensen helpen', stelde hij Tessa gerust. 'Maar laten we onderzoeken welke privileges echt meerwaarde zouden kunnen betekenen. We moeten iets bedenken wat het voortbestaan van TGIM garandeert. We voegen al waarde toe, de vraag is nu hoe we dat het best kunnen verzilveren.'

Op het whiteboard aan de muur verscheen een schema van verschillende soorten lidmaatschap:

Membership	Free	Premium
Weekly newsletter	✓	✓
Inspiration	✓	✓
App	✓	✓
Tool	✓	✓
Tips & tricks	✓	✓
Game	✓	✓
TGIM map	✓	✓
Weekly webinar	✓	✓
Ambassador	-	✓
Profile on site	-	✓
Live meetups	-	✓
Forum	-	✓
Member area	-	✓

Alle beetjes helpen, dacht Ber. Hij kreeg het gevoel dat er schot zat in de verdienmodellen. Bij elkaar opgeteld moesten ze genoeg kunnen opbrengen om echt duurzaam door te blijven gaan, wat hij het allerliefste wilde. Het was echter geen vetpot en hij zou zijn ambities moeten bijstellen – tenzij er nog een briljante extra inkomstenbron kwam die vleugels gaf aan alle goede ideeën die uit de community zelf kwamen.

Het duurde niet lang of het TGIM-virus brak door binnen bedrijven. Individuele deelnemers stapten naar hun collega's of baas, om de inzichten en principes uit de TGIM Journey of uit de MasterMinds te delen. Het leidde tot aparte rituelen binnen bedrijven, die gretig gedeeld werden via de site. Een Australisch bedrijf initieerde elke maandagochtend een TGIM-aftrap voor het hele bedrijf. Het idee werd door grote en kleine bedrijven overgenomen. Een Duitse CEO van een multinational nam elke maandag een TGIM-video op, waarin hij een update gaf en zijn medewerkers wereldwijd motiveerde.

'Geweldig dat organisaties nu gaan meedoen,' zei Ber enthousiast bij het zien van die ontwikkeling, 'je besteedt tenslotte meer tijd op je werk dan thuis, met je kinderen of met je partner!' Hij had er als leidinggevende ook altijd veel lol in gehad de perfecte werksfeer op de vloer te creëren.

Het idee van een Noors bedrijf om elke maandagochtend een MasterMind Meeting op kantoor te doen, vond op

vele plaatsen navolging. Het werd een vast ochtendri-
tueel, waarbij werknemers elkaar niet alleen ideeën en
mogelijkheden aanreikten, maar ook van positieve feedback en complimenten voorzagen.
De TGIM-lunch, waar een Braziliaans bedrijf serieus
werk van had gemaakt, vond via de site ook veel opvol-
ging. Het was een makkelijk in te burgeren idee en een
mooi anker voor vele bedrijven om stil te staan bij wat
er goed gaat en wat er nog beter kan. Er ontstond zelfs
een kleine wedstrijd van de mooiste foto van weelderige
TGIM-lunches, gepost op Twitter en Instagram, met als
hashtag #tgim.

Inmiddels werd er wereldwijd al regelmatig over de
TGIM-beweging geschreven in lokale media. Dat begon
in het HR-vak, waar TGIM werd gezien als belangrijke
ontwikkeling en aanvulling op persoonlijke coaching en
managementdevelopment. Maar ook vanuit de reguliere
media was al snel belangstelling:
'Werknemers helpen elkaar verder', kopte een Spaans
landelijk dagblad. En een Argentijns weekblad schreef
een artikel met de kop 'Samen sterk, elke maandag',
waarin een aantal deelnemers uitgebreid werden geïn-
terviewd. 'Thank God It's Monday' was de meest gekozen
kop van diverse blogartikelen over de hele wereld. Het
aan elkaar koppelen van gelijkgestemden was de meest
besproken functionaliteit van de beweging.
Ber werd na een aantal maanden regelmatig voor
congressen uitgenodigd om te komen vertellen over
TGIM en de effecten op de deelnemers. Vooral de concrete carrièrestappen die mensen maakten, en waarover

ze op de site verslag deden, spraken tot de verbeelding. Het was dan ook een rijke verzameling aan het worden: 'Wat voor mij een prachtig nieuw inzicht is waardoor ik verder kan/durf, is het feit dat ik met mijn talenten/ kwaliteiten waarde voor anderen toe te voegen heb. Daardoor voelt het niet egoïstisch de droom groot te maken en vertrouwen in mezelf op te bouwen. Ik heb nu de optimistische stelling in m'n hoofd dat de (werk)wereld voor m'n voeten ligt. Heel fijn om te beseffen welke stappen ik kan ondernemen.'
Bianca

'Een fijne, enerverende en inspirerende reis van twintig dagen. Gelukkig kun je ook je eigen tempo volgen. De Facebookgroep vind ik erg waardevol, met een hoop verhalen, feedback en steuntjes in de rug. Het enthousiasme ervan is aanstekelijk! Kortom: een aanrader.'
Lianne

'Ik wil je nog bedanken voor alle inspiratie die ik uit TGIM Journey heb gehaald. Heb er veel aan gehad. Inmiddels heb ik werk gevonden als medewerker Klantcontactcenter bij SNT. Deze baan is een mooie uitdaging en het is ook heerlijk om weer aan het werk te zijn.'
Jacqueline

'Ik heb al twee keer aan de Journey meegedaan, en ik ben ondertussen mijn reis en droombaan al aan het uitvoeren.'
Rolf

'Mede door jullie programma mijn droombaan gevonden. Na bijna dertig jaar in het bedrijfsleven ga ik nu Engels geven op een vmbo. Ik kan m'n geluk niet op!!!'
Jos

Een eerste live theaterbijeenkomst in Londen met sprekers Ricardo Semler en Richard Branson betekende echter de echte mediadoorbraak. Een verslag op *The Huffington Post*, gelezen door miljoenen mensen, zette de beweging in het zonnetje. De online interactiviteit, gecombineerd met de lokale offline bijeenkomsten, wekelijks in het klein of in het groot zoals in London, vormde de sleutel van het succes, aldus het artikel.

'We halen het eerste miljoen aanmeldingen veel eerder dan we dachten', concludeerde Tessa tegen Dick en Ber tijdens een uitgebreide lunch om het artikel te vieren. 'Dat duurt nog geen maand meer.' Ze waren pas net iets meer dan tien maanden bezig.
Dick en Ber keken elkaar en Tessa aan. Ze beseften dat ze gelijk had. 'Het is veel harder gegaan dan ik ooit had gedacht', zei Dick.
'Ongelooflijk', was het enige wat Ber eraan kon toevoegen.

Niet alleen het aantal deelnemers groeide, ook de ideeën bleven binnenstromen. Een Canadese coach bedacht de TGIM-phone, waarmee een beller via een simpele VOIP-toepassing aan een TGIM-ambassadeur werd gekoppeld, voor advies en een hart onder de riem. 'The sky is the limit', zeiden de techneuten Coen en Adriaan. 'Nu de budgetten nog ...'

Hun verzoek werd nog geen week later gehonoreerd. Een Nederlandse deelnemer aan de TGIM Journey meldde zich letterlijk met een zak geld. Joan werkte bij de Stichting Doen, die mensen en bedrijven stimuleert die het voortouw nemen op het gebied van duurzame, culturele en sociale vernieuwing. Op eigen gelegenheid had ze intern de handen op elkaar gekregen voor een donatie aan TGIM. 'We willen graag een fonds beginnen, waaruit mensen hun eigen lokale TGIM-ideeën kunnen laten financieren', vertelde ze. 'Om te beginnen met € 200.000.'

'Dat is een geschenk uit de hemel', reageerde Ber, die al een tijdje met het idee van een dergelijk fonds rondliep. 'Misschien kunnen we het met crowdfundingacties via www.kickstarter.com nog verder uitbouwen', brainstormde hij verder. 'Dit is het vliegwiel dat we nodig hebben. Superbedankt, Joan!'

Het fonds bleek het echte keerpunt voor de TGIM-beweging. Naast donaties kwamen er ook sponsorbedragen van bedrijven bij die zich graag aan TGIM verbonden. Bedrijven leken op te leven als veel van hun werknemers bij de TGIM-beweging betrokken waren. Alsof het een nieuw keurmerk was voor goed werkgeverschap en een extra dimensie aan de waarde voor de organisatie toevoegde. Een TGIM-index voor bedrijven, opgezet door TGIM-fans, versterkte dat alleen maar.

Toen na tien maanden en zeventien dagen de teller inderdaad door het miljoen heen ging, nam Ber een paar dagen vrij om met Maria op adem te komen. In hun favoriete hotelletje op een van de Waddeneilanden zaten ze in de lobby voor het haardvuur. Ze hadden een heerlijke wandeling gemaakt over het winderige, uitgestorven, maar prachtige strand. Met een glas rode wijn in de hand liet Ber zich in een fauteuil zakken.

'Ik kan het eigenlijk nauwelijks geloven', vertrouwde hij Maria toe. 'We zijn al bijna vier weken elke maandag trending op Twitter. Op Instagram is een TGIM-portret de ultieme selfie en nu gaat zelfs Facebook een TGIM-actie met ons opzetten.'

'Jij kunt magie creëren, Ber, daarom ben ik bij je', sprak Maria liefdevol. 'Dit is wat jij te bieden hebt.' Ber liet het zich welgevallen.

'Maar wat ik doe, kan iedereen', sprak hij zacht. 'Ik volg ook maar gewoon binnen de mogelijkheden mijn intuïtie en kom dan in actie.' Hij keek oprecht onschuldig. Naïef bijna. 'En trouwens, we doen dit met heel veel mensen, ik ben alleen de initiator maar.'

Maria liet hem begaan, hoewel ze zich natuurlijk terdege realiseerde dat elk vuur begon met een vonk en dat Ber de vonk voor de TGIM-beweging was.

In de eetzaal werd hun een heerlijk diner geserveerd, zoals altijd in dit hotel opgediend door keurige obers die rechtstreeks uit de jaren vijftig waren overgekomen, in smetteloze smokings, met een doek over de rechterarm.

Ber had eindelijk eens de rust en tijd om uitgebreid over zijn avonturen van de afgelopen weken te vertellen. Vooral de verhalen van deelnemers, die echt in actie waren gekomen en verandering in hun situatie hadden gerealiseerd, gaven hem diepe voldoening.

Maria genoot ervan om haar man zo gelukkig te zien. Het was heerlijk om weer even uitgebreid de tijd voor elkaar te hebben.

Na het diner en een afsluitend glas in de lobby viel hij languit in het grote hotelbed in slaap met Maria's hoofd op zijn borst. Hij was compleet ontspannen, volledig voldaan en doodop. In het donker klonk zijn mobiel, die naast hen op het nachtkastje lag. Met een schuin oog las Maria het oplichtende binnengekomen bericht: 'We staan in de *NY Times* en Bob Geldof wil "I Do Like Mondays" opnemen!! Geniet daar! Tes.'

De cirkel is rond, dacht Maria, voor ze met de Boomtown Rats-klassieker in gedachten tevreden in slaap viel.

Dank aan mijn coauteurs!

Dit verhaal kwam tot stand door de inspiratie en participatie van velen om mij heen. Mijn oproep om ideeën aan te reiken waarmee de wereldwijde TGIM-beweging ook daadwerkelijk zou kunnen gaan lukken, leverde zeer veel inspirerende reacties op. Blijkbaar was het voor velen een uitdaging om echt groot te denken en uit de welbekende box te stappen. Ik dank allen die zich lieten uitdagen en mij ideeën toewierpen, waarvan vele in dit boek zijn terechtgekomen. Hoewel het overzicht van 'coauteurs' vast niet helemaal compleet is, dank ik met naam en toenaam in ieder geval de volgende mensen: Mark van de Grift, Wien Sillevis Smitt, Ferd de Bruijn, Jan-Paul Bakker, Georgina Haug, Nathalie van den Thillart, Chantal Aerts, Natasja Kardos, René Boender, Hedy Miranda, Tim van der Vliet, Marije Koets, Bert Barten, Robbert Bridgeman, Iris Louwerens, Matthijs van der Bijl, Leo van Veenendaal, Robert Benninga, Marlies Hermans, Martijn Aslander, Fieke Arts, Rolph Kropp, Marvin Fernandes, Willem Sillevis Smitt, Meike Sillevis Smitt, Paul van Aarle, Laura Donker, Cat(eleine) Colnot, Reinier Sijpkens, André Bouterse, Clara den Boer, Dian van Aken, Annemieke Cornelisse, Karin Krol, Christina Schmidt, Marnet Schoemaker, Fiona Stoop, Saskia Langenberg en Jos Burgers.